Länger **aktiv** leben!

Weitere, bisher in diesem Verlag veröffentlichte Werke des
Autors W. Rietig:

„Phänomen" Plötzlicher Kindstod – endlich erkannt
Mit Therapieinformationen für den Erwachsenen

Endlich wieder Gesund!
Ganzheitstherapie/Naturheilkunde
Schmerz-Herz-Kreislauf-Krebs

Wolfgang Rietig

Länger **aktiv** leben!

Entsäuern-Entschlacken-Entgiften

Krebserkrankung-Krebsprophylaxe

Interessante Erfahrungen

Bibliografische Information der Deutschen Nationalbibliothek
Die Deutsche Nationalbibliothek verzeichnet diese Publikation
in der Deutschen Nationalbibliografie; detaillierte bibliografische
Daten sind im Internet über http://dnb.d-nb.de abrufbar.

2. Auflage
© 2012 Wolfgang Rietig
Umschlagdesign, Satz, Herstellung und Verlag: Books on Demand GmbH, Norderstedt
ISBN 978-3-8370-3357-1

Inhalt

Hilf Dir selbst!
Dieses Buch dient jedem Behandler und dessen mündigem Patienten!
Jedem Behandler, der seine leidenden Patienten auch zur Selbsthilfe anregen möchte und damit deren Selbstheilungskräfte unterstützt.

*

Medizinische Darlegungen, die in ihrem Inhalt als nicht bekannt erscheinen, geben die Ansicht und Erfahrung des Autors wieder.

*

Bei den im Buch erwähnten biochemischen Schüsslermittel wird als Arzneimittelträger Milchzucker verwendet. Bei einer Glukoseintoleranz empfehle ich zu der Einnahme der Schüsslertabletten das Präparat „Laluk"(Apotheke), um diese Glukoseintoleranz zu kompensieren.

*

Akute, gewöhnlich harmlose, Krankheiten, die sich immer wieder zeigen, sind in den verschiedenen Fallbeispielen beinhaltet und beschrieben. Auch in diesen Fällen können die im Buch aufgeführten Maßnahmen zur Linderung beitragen.

Gedanken zu diesem Buch

Vor die Therapie haben die Götter die Diagnose gestellt. Was aber tun, wenn keine Diagnose erfolgt?

„Sie sind gesund!" „Ihnen fehlt nichts!" „Ich kann nichts finden!" „Das hat bei Ihnen psychische Ursachen!" „Ich überweise Sie besser zu einem Facharzt!"

So oder so ähnlich lauten in heutiger Zeit die Antworten vieler Ärzte. Ratlosigkeit macht sich breit. Die Schmerzen, die Schwäche, das Unwohlsein bleiben.

Die Überhäufung des Körpers mit Giftstoffen aus unserer Umwelt, Erb- und Eigengifte, sowie die Übersäuerung haben dazu geführt, dass chronische Erkrankungen (die inzwischen typischen Zivilisationserscheinungen) und die Krebshäufigkeit zugenommen haben.

Der Organismus ist irgendwann nicht mehr in der Lage, der Verschlackung, Giftüberlastung, Übersäuerung und somit der Organbelastung Herr zu werden.

Die Abwehrkräfte erlahmen.

Entschlacken, Entgiften, Beseitigung der Übersäuerung und Organstärkung sind das Gebot der Zeit!

Trotzdem empfehle ich jedem Patienten, bevor Maßnahmen ergriffen werden, die zur Linderung oder Heilung beitragen sollen, einen Heilpraktiker oder Naturheilarzt hinzuzuziehen. Die genaue Abklärung der Beschwerden durch einen Fachmann sollte nach Möglichkeit Hilfe zur Selbsthilfe sein.

Organstärkung

Eine junge Frau, 28 Jahre alt, war mit Leib und Seele in einer Dorf-schule als Lehrerin tätig. Sie unterrichtete in völlig unproblematischen Klassen und war in einer harmonischen Atmosphäre mit Freude am Werk. Nach fünf Stunden Unterricht war sie völlig erschöpft und von bleierner Müdigkeit in allen Knochen. Sie war zu müde, Mittag zu essen und hatte das Gefühl, ausgebrannt zu sein. Ein Gefühl, als ob die ganze Energie von innen her abgezogen werden würde. Ohne mindestens eine Stunde Mittagsschlaf ging nichts mehr. Des Weiteren litt sie unter einer immer wieder auftretenden Angina und einer permanent erhöhten Pulsfrequenz.

Weder Hausärzte noch Fachärzte fanden eine Ursache, geschweige denn eine Lösung. Die üblichen Behandlungen waren stets nur Teil-behandlungen, ohne auf die notwendige ganzheitliche therapeutische Einflussnahme zu achten. Erst als sie in den Genuss der richtigen Ganzheitsbehandlung kam, wendete sich das Blatt. Vorher weit un-tergewichtig, nahm sie zu und erreichte so nach und nach ihr Soll-gewicht.

„Ich fühle mich wieder fit, aktiv und belastbar, dank der effektiven **Ganzheitstherapie**", berichtet sie.

In unserem Zeitalter, in welchem sich etwa alle 10 Jahre die Krebs-sterblichkeit verdoppelt, genügt es nicht mehr mit der biologischen Lebensführung allein zu entsäuern, zu entgiften und zu entschla-cken.

Es bedarf der Organ stärkenden Ganzheitstherapie.

Die aus den Zellverbindungen gelösten Gifte und Schlacken müs-sen durch die **Ausscheidungsorgane** aus dem Körper ausgeschieden werden!

So fern die Ausscheidungsorgane dazu in der Lage sind!

Sind die Ausscheidungsorgane zu schwach, um die gelösten

Schlacken und Gifte auch auszuscheiden, lagern sich diese erneut im Organismus ein! Dadurch kommt es wieder zu Beschwerden. Es bleibt alles beim Alten!

Ganzheitstherapie

Bei dieser **Ganzheitstherapie** werden verschiedene naturheilkundliche Behandlungsmethoden in einem Behandlungszeitraum miteinander kombiniert. Jede Methode hat eine eigene Wirkungsweise, die sich wiederum mit den anderen ergänzt. So wird in jeder, etwa einstündigen Behandlung, eine, sämtliche Regelkreise betreffende, Gesamtheilwirkung produziert. Diese wiederum stärkt die Organe in deren Leistung, sodass sich ein körperliches, seelisches und geistiges Wohlbefinden einstellt.

Zum Grundaufbau, bzw. zur **Organstärkung**, werden meist 20 bis 30 aufeinander folgende Behandlungen nötig sein. Um den erreichten Grundaufbau nicht wieder zu verlieren, wird es bei diesem oder jenem Patienten unter Umständen notwendig sein, weitere Behandlungen folgen zu lassen. Der Mensch lebt dadurch nicht nur länger, sondern **er lebt _aktiv_ länger**, weil so der Zusammenbruch der Organsysteme verhindert oder hinausgezögert wird.

Des Weiteren wird die **körpereigene Abwehr gestärkt**, die dann mit voller Kraft ihren Aufgaben gerecht werden kann. Einen tieferen Einblick in die so wirkungsvolle multikybernetische (Regelkreise betreffende) Ganzheitstherapie erhält der interessierte Leser in dem 2008 erschienenen Buch von W. Rietig „Endlich wieder Gesund!".

Wie viele Patienten habe ich schon kennen gelernt die 100%ig gesund gelebt haben. Menschen, die basisch gelebt, nicht geraucht, nicht getrunken, alles zur Entschlackung getan haben und trotzdem todkrank waren, ja sogar Krebs hatten. Die Einnahme von Vitaminen, Mineralstoffen und homöopathischen Präparaten unterstützt zwar die Funktion der Organe und ermöglicht manchmal auch eine geringfügige Stärkung, **jedoch reicht das alles nicht!**

Die Ganzheitsbehandlung kann damit nicht ersetzt werden.

Eine Akupunkturnadel alleine bringt nicht die gewünschte dauerhafte

Besserung, genauso wenig wie eine Pille allein die gewünschte dauerhafte Wirkung erreichen kann.

Ein Beispiel für die Bedeutung gut funktionierender Ausscheidungsorgane ist die weit verbreitete Harnsäureerkrankung. Hier werden die eingelagerten, messerscharfen Kristalle, die zu schmerzhaften Entzündungen im Gewebe, in der Muskulatur, in den Nerven und in den Gelenken führen, durch Silicea D12 (Kieselsäure) nach Dr. Schüssler[1] aufgelöst.

Natrium phosphoricum D6 hält die aufgelösten Kristalle in Lösung und Natrium sulfuricum D6 schafft diese über die Ausscheidungsorgane aus dem Körper.

Grob gesagt ersetzt eine Pille nicht die Wirkung einer Akupunkturnadel – es gehört alles zusammen, denn auch im Körper hängt ein Organ vom anderen ab.

So ergab es sich im Frühjahr 1990, dass eine 81 jährige Frau die Praxis aufsuchte – das heißt, sie wurde in die, im 2. Stock liegenden Behandlungsräume getragen! Sie berichtete, dass es ihr seit Jahren zunehmend schlechter ginge: „Die Knie machen mir zu schaffen. Das Laufen wird immer beschwerlicher und die Schmerzen nehmen ständig zu. Ich fühle mich müde und kraftlos. Je mehr ich mich in unserer guten Allgäuer Luft bewege, desto erschöpfter werde ich. Jede Bewegung wird mir zur Qual. Im Dezember 1988 kam ich nicht mehr aus dem Bett heraus. Es gelang mir nicht einmal, mich im Bett umzudrehen, sodass ich nur noch die Risse in der Decke studieren konnte. Ich bin nun in den achtziger Jahren, geistig noch fit, aber körperlich ein Wrack und auf dem Weg ins Jenseits! Da erfahre ich von einem Heilpraktiker im Allgäu, der eine spezifische Ganzheitstherapie entwickelt haben soll, mit welcher er ungewöhnliche Erfolge hat."

Zunächst wurde die Frau gründlich untersucht, fast 2 Stunden lang. An den darauf folgenden Behandlungstagen wurde die spezielle **Ganzheitstherapie zur Stärkung der Organsysteme, vor allem der Ausscheidungsorgane angewandt.** Diese bestand aus der etwa einstündigen Behandlung in der Praxis. Des Weiteren wurde die Ernährung umgestellt im Hinblick auf das basische Milieu zwischen 15:00 Uhr und 03:00 Uhr.

Die Entsäuerung und Entschlackung des Körpers wurde mit einer biologischen Lebensführung kombiniert.

Ebenso die kurmäßige Einnahme von homöopathischen Präparaten, sowie von Vitaminen, Mineralstoffen, Spurenelementen und organwirksamen Tees.

Dazu kam die positiv seelische Lebensführung als 4. Eckpfeiler meiner Ganzheitstherapie.

Ihr Zustand besserte sich bald so deutlich, dass sie mit ihrer Zugmaschine („Traktor!") allein die 7 km zur Naturheilpraxis fahren konnte und es ohne fremde Hilfe schaffte, die Treppen in das 2. Stockwerk hinaufzusteigen. „Jeder neue Tag kommt mir wie ein Geschenk des Schicksals vor und ich freue mich immer wieder aufs Neue!"

Das Erkennen von Abwehr- und Organschwächen, ebenso wie die Krebsfrüherkennung bilden die Schwerpunkte in der Ganzheitsdiagnostik und –therapie.

Oberste Priorität besitzt die Organstärkung und Verbesserung der allgemeinen Abwehrleistung. Ebenso die Eindämmung der Entwicklung von Vorkrebsstadien, aus denen sich Krebsgeschehen ergeben können.

Zur Therapiepalette der Ganzheitsbehandlung gehören u.a. der Einsatz von **Injektoakupunktur** am Körper, **Nadelakupunktur** am Ohr, **Neuraltherapie**, **Entgiftung** über die Haut (Ausleitung der Giftstoffe über die Haut).

Weitere Methoden sind die Applikation von **homöopathischen Injektionspräparaten, Energiedurchflutung, Magnetfeldtherapie, me-**

dizinischer O_2 zur Inhalation und je nach Notwendigkeit die **HOT** (hämatogene Oxidationstherapie nach Prof. Dr. Wehrli)[2] mit Singu-lettsauerstoff (energieaktivierte Sauerstoffschichten).

Die **homöopathischen Injektionspräparate** gibt man in der Regel als Mischinjektion subcutan bzw. intramuskulär in den seitlichen äußeren Quadranten des Gesäßmuskels. Da der Körper Selektivvermögen besitzt, gelangen die Wirkstoffe dorthin, wo sie benötigt werden. D.h. nach der Aufnahme der Präparate aus dem Gesäßbereich ins Blut, gelangen die Wirkstoffe zu den Organen, zu denen sie Affinität (Bezug) besitzen. So gelangt z.B. ein Magenmittel zum Magen und ein Herzmittel zum Herzen und nicht zu anderen Organen. Natürlich müssen vorher die Organschwächen durch eine gründliche Unter-suchung ermittelt werden.

Diese Ganzheitstherapie in ihrer Kombination ist im Buch W. Rie-tig „Endlich wieder Gesund! Ganzheitstherapie/ Naturheilkunde, Schmerz/Herzkreislauf/Krebs" ausführlich beschrieben. Dieses Buch bietet dem Therapeuten umfangreiche Informationen zur Durch-führung seiner Behandlung am Patienten. Die in jeder Behandlungs-sitzung in ihrer Wirkung kombinierten Methoden ermöglichen eine optimale Organstärkung.

Die Organleistungen werden über die folgenden abgebildeten Hand- und Fußakupunkturpunkte (S.20/21) ermittelt. (siehe dazu: BFD-Messung in Rietig, W. „Endlich wieder Gesund!").[3]

Die Akupunkturpunkte befinden sich auf den entsprechenden Me-ridianen (Energiebahnen).

Bioelektronische Funktionsdiagnostik

Bioelektronische Funktionsdiagnostik (BFD) ist in der Hand des Fach-mannes ein Segen für jeden Patienten.

Unerkannte, verhängnisvolle Organschädigungen können mit der BFD klar analysiert und anschließend gezielt therapiert werden.
Allerdings sollten auf jeden Fall immer drei Organanteile gemessen werden (siehe Buch „Endlich wieder Gesund!") und nicht nur der Punkt neben dem Finger- bzw. Zehennagel! Die Ein-Punkt-Messung ist aus ganzheitlicher Sicht wertlos, da bei dieser Art der Durchführung nur ein Organanteil erfasst wird. Am linken Herzmeridian befindet sich beispielsweise die Aortenklappe als erster Akupunkturpunkt. Der zweite Akupunkturpunkt ist für die linke Herzvorhofklappe zuständig und mit dem dritten Punkt wird der Herzmuskel angemessen. Der Aortenklappen-Punkt allein bringt nicht die Kenntnis über die anderen Akupunkturpunkte.

Nicht nur Heilpraktiker wenden diese Diagnostikmethode an, sondern auch etwa 600 naturheilkundlich orientierte Ärzte.

Das Verfahren bietet einen Nachweis über die elektrische Leitfähigkeit des Hautwiderstandes an den Akupunkturpunkten.

Bei der BFD (Bioelektronische Funktionsdiagnostik) nach Dr. Voll handelt es sich um eine **elektronische Leitfähigkeitsmessung des Hautwiderstands an Akupunkturpunkten.** Gestörte Funktionswerte geben durch ihr Regulationsverhalten Hinweise auf Organ- oder Systemstörungen. Bewegt sich der Sollwert am Punkt von 40 µA nach unten, so ist dies ein Hinweis auf degenerative Vorgänge. Dagegen bedeutet eine Erhöhung über 60 µA eine Übersteuerung im Sinne einer Entzündung, was wiederum auf eine starke toxische Belastung hinweist.

Oft stellt diese Messung eine Frühdiagnostik zu einem Zeitpunkt dar, an dem noch keine morphologischen Veränderungen mit den üblichen Diagnostikmethoden erkennbar sind.

So wie es der Vorfall mit dem etwa 58 jährigen Patienten zeigte, der an Herzmuskel und Coronarien Werte von 5 anstatt von 40 µA hatte. Er verstarb eine Woche nach der Messung. Bei diesen Werten waren wohl keine Reserven mehr in den Zellen vorhanden gewesen.

Nach Dr. Voll müssen jeweils 3 bis (4) Organanteile gemessen werden. Die Messung nur neben dem Nagel ist wertlos für die Gesamterfassung.

Die körpereigene Energie fließt über den jeweiligen Meridian zu den Akupunkturpunkten und beeinflusst dort den Testwert. Wie aus der Meridianlehre bekannt, stehen bestimmte Punkte auf der Haut mit bestimmten inneren Organen in Zusammenhang. **Der Therapeut erhält mit der BFD exakte Angaben darüber, an welchem Akupunktur bezogenen Organpunkt die Energie zu stimulieren ist, bzw. wo sich überschießende Reaktionen zeigen.**

Anschließend lässt sich ein Therapieprogramm erarbeiten, das die energetischen Vorgänge im Körper harmonisiert. **Die Organe werden wieder mit der notwendigen Lebensenergie versorgt, die Abwehr wird dadurch gestärkt, Selbstheilungskräfte werden geweckt und dem Krankheitsgeschehen wird der Boden entzogen.**

Bei der Punktmessung sollte der Skalenwert zwischen 40 und 60 µA liegen. Sind höhere Werte zu verzeichnen, so deutet dies auf einen entzündlichen Vorgang hin. Fällt der ermittelte Wert unter 40 µA, weist dies auf eine Schwäche in der Organfunktion hin.

Bei der **vegetativen Rundummessung** sollte der Skalenwert zwischen 80-88 µA liegen. Höhere Werte (über 88 µA) bei der vegetativen Messung deuten auf eine Übersteuerung des Sympathicus hin. Ein niedriger Wert (unter 80 µA) bei der vegetativen Messung deutet auf eine Vagusreizung hin. Je tiefer der gemessene Wert ist, desto größer ist die Schwäche des überprüften Anteils, bis hin zum völligen Versagen.

Das Befinden des Patienten spiegelt immer die Messwerte, d.h. die Organleistung, wieder!

Ein kennzeichnendes Beispiel dafür:
Ein Kurgast suchte die Praxis auf, um lediglich etwas Sauerstoff prophylaktisch zu inhalieren. „Ich fühle mich eigentlich recht gut, abgesehen von kleinen Störungen. Aber ich möchte etwas für meine Gesundheit tun!

Auch meine Ärzte sagen mir, dass ich keine gravierenden Erkrankungen habe. Ich sei gesund!"

Nach den Richtlinien der Krankheitserkennung aus dem Gesicht erschien der Patient jedoch nicht so gesund wie er sich allgemein äußerte.
Man empfahl ihm dringend eine Untersuchung, inklusive der BFD-Messung. **Die meisten seiner Organwerte lagen nicht weit von 0 weg! Vor allem die Herzwerte lagen im untersten Bereich!**
Genau nach acht Tagen verstarb er am Herzversagen. Erstaunlich! Dieser Mann fühlte sich nach eigenen Angaben wohl und starb dennoch „plötzlich und unerwartet". Auffällig war, dass seine Schilddrüse eine leichte Überfunktion hatte, der Blutdruck leicht erhöht war und sein **Vegetativum sich nach der vegetativen Rundummessung fast in der Norm befand!** Genau dies gaukelte ihm Wohlbefinden vor, ohne dass ihm bewusst war, wie schwach seine Organe bereits waren. In der darauffolgenden Zeit wiederholten sich ähnliche Fälle, bei denen die **Schilddrüse** eine leichte Überfunktion hatte, der **Blutdruck** manchmal leicht erhöht und sich die vegetative **Rundummessung** meist in der Norm befand. Die lebenswichtigen Organsysteme aber waren vollkommen geschwächt. Trotzdem erfreute sich der Patient bis zum Schluss eines Wohlbefindens, das ihm der Organismus vorspielte. Viele dieser Patienten kamen zu spät. Diese Erscheinung ist seit dieser Zeit das sogenannte „Exitus-Letalis-Trias".

In diesem Zusammenhang gab es an einen Bäckermeister aus Ulm, der sich untersuchen ließ. Seine Frau war zugegen, als an den Herzkranzgefäßen mittels der BFD **Entzündungswerte** festgestellt wurden. Der Hinweis, dass Herzinfarktgefahr vorliege, wurde mit einem Lächeln abgetan. Bei Entzündungen an den Koronarien besteht immer die Gefahr, dass sich durch die Entzündung Wasseransammlungen zwischen Gefäßwand und Intima (Gefäßinnenhaut) bildet. Je nach Ödemgröße verengt sich das Gefäß, weil die Intima das Lumen (innere Öffnung) nach und nach verschließt. So gelangt kein Blut mehr hindurch, und im dahinter liegenden Bereich kommt es zur Blutunterversorgung des Herzmuskels. Dem Herzinfarkt steht dann nichts mehr im Wege. Etwa drei Tage nach der Untersuchung erlitt dieser Patient den Herzinfarkt. Die Ursache zu diesem Geschehen konnte man im Krankenhaus nicht ermitteln, so die Auskunft der Ehefrau.

Eine rechtzeitige **Entsäuerung** und **Entschlackung** mit dem Ziel, den pH-Wert in den basischen Bereich zu verschieben, wäre hier zur Verbesserung der physiologischen Vorgänge eine wichtige Unterstützung gewesen.
Der Herzmuskel produziert durch seine fortwährende Tätigkeit Milchsäure, die immer wieder aufs Neue abgebaut werden muss, ebenso die dadurch anfallenden Schlacken.

Zusammengefasst: Ein gutes Vegetativum bedeutet nicht gleich auch gesunde Organe.
Ein starkes Vegetativum erzeugt Wohlbefinden und überdeckt die bereits oftmals lebensbedrohenden Organschwächen.
Hier handelt es sich um ein Notregulationssystem, welches uns die Natur zur Seite gegeben hat, um so lange wie möglich körperlich durchhalten zu können. Doch wenn die Organe versagen, nützt das beste Regulationssystem nichts mehr. Umso wichtiger ist es, die Schwächen des Organismus zu erkennen und sinnvoll mit **Organstärkung**, **Entschlacken** und **Entgiftung** einem drohenden Niedergang entgegenzuwirken.

Regelmäßige BFD- Messungen (einmal jährlich) wären anzuraten.

Fuß

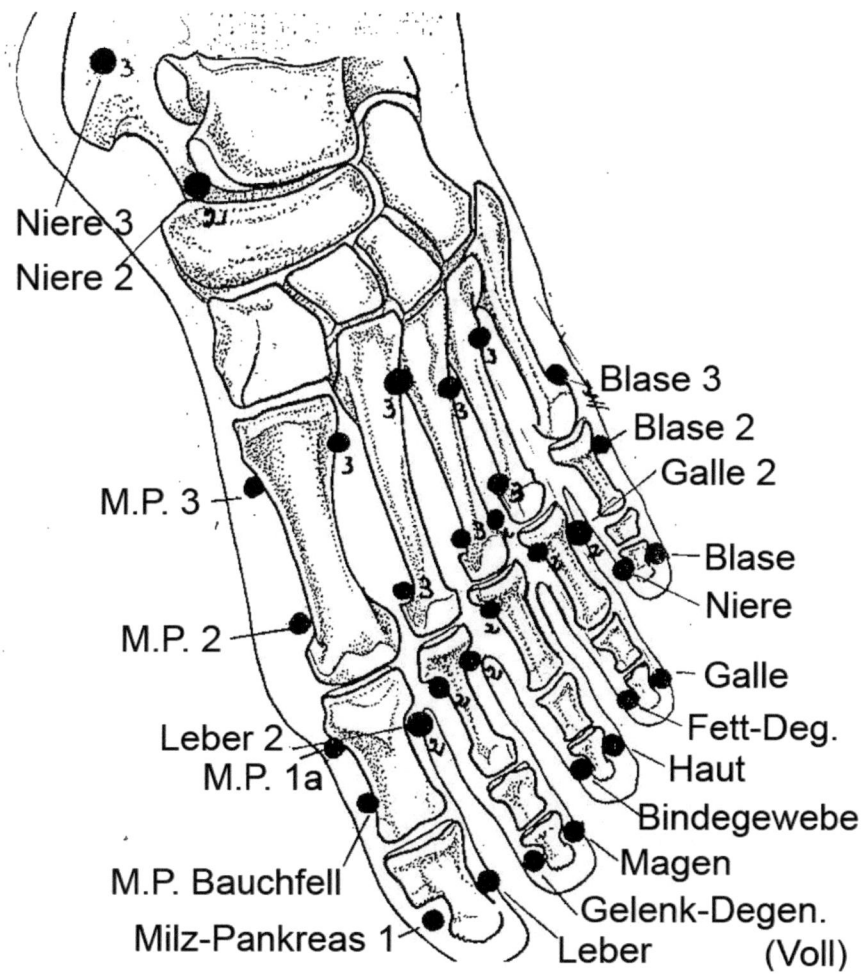

Niere 3
Niere 2

Blase 3
Blase 2
Galle 2

M.P. 3

Blase
Niere

M.P. 2

Galle

Leber 2
M.P. 1a

Fett-Deg.
Haut

M.P. Bauchfell

Bindegewebe
Magen

Milz-Pankreas 1

Gelenk-Degen.
Leber

(Voll)

Hand

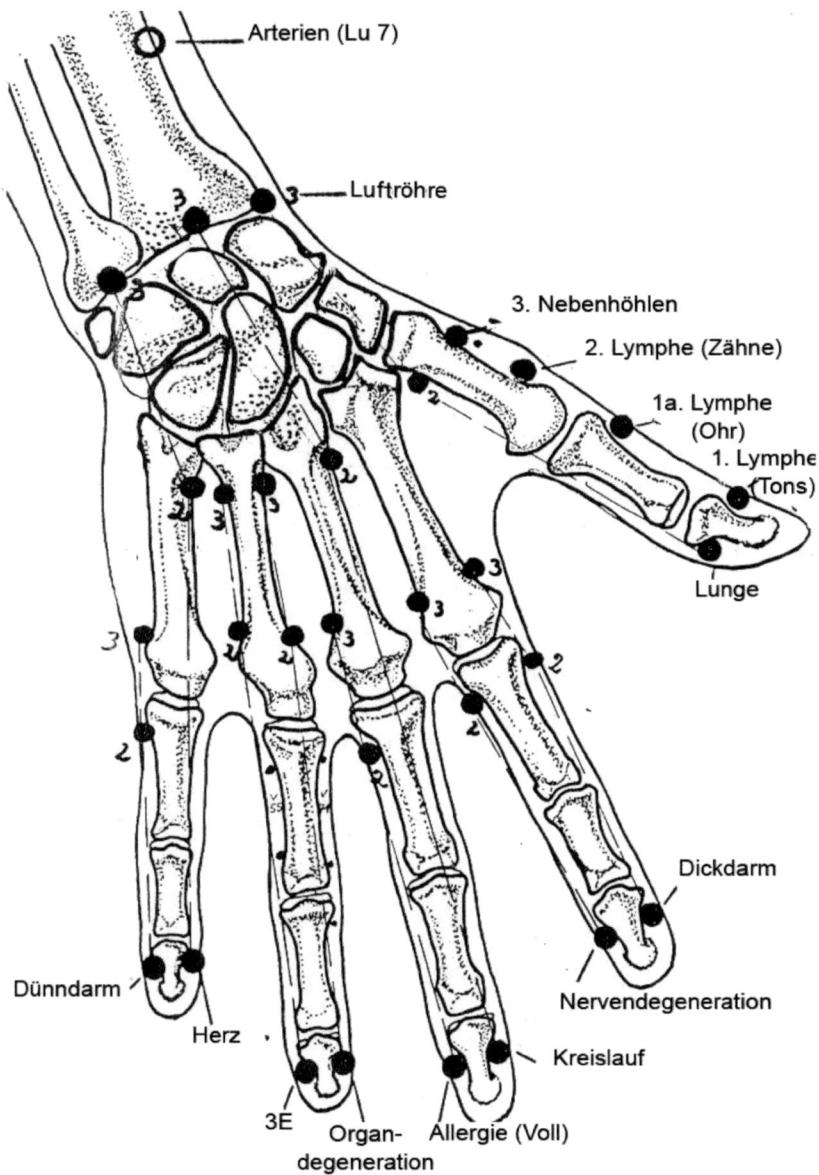

Arterien (Lu 7)

Luftröhre

3. Nebenhöhlen

2. Lymphe (Zähne)

1a. Lymphe (Ohr)

1. Lymphe (Tons)

Lunge

Dickdarm

Nervendegeneration

Kreislauf

Dünndarm

Herz

3E

Organ-degeneration

Allergie (Voll)

Neuraltherapie

Eine wichtige Maßnahme im Rahmen der Ganzheitstherapie zur Stärkung aller Organsysteme ist die **Neuraltherapie nach Dr. Huneke.**[4] Entdeckt und entwickelt wurde sie von den Brüdern Dr. med. Ferdinand Huneke und Dr. med. Walter Huneke im Jahr 1928.

Procain (eine Säure-Fett-Verbindung), welches eine energetische Spannung von 290 mV besitzt, bringt der Therapeut mittels einer 2ml Spritze und dünner Kanüle (0,4x20 mm, bzw. 0,5x40 mm) in die Nähe der betreffenden Nerven. Damit wird eine **Polarisierung (Nervenstärkung)** an den Nerven erreicht, welche unter energetischem Spannungsverlust leiden. Die normale Spannung an den Nerven sollte **90 mV** betragen. Besitzen die Nerven, welche einen bestimmten Bereich in der Enger- oder Weiterstellung der Blutgefäße regulieren sollen, eine verminderte Spannung, so kommt es dort zu Durchblutungsstörungen. Die Zellen bekommen weniger Nährstoffe und Sauerstoff. Schlacken und Gifte, die im Zellstoffwechsel anfallen, bleiben in den Zellen.

Ein Beispiel: Die, die Beine versorgenden, Nerven besitzen nur noch eine Spannung von 30 mV. Es kommt dadurch zwangsläufig zu einer Unterversorgung in dem, von den Nerven abhängigen, Gebiet. **Lähmung, Bewegungseinschränkung oder Schmerzempfindungen** sind die Folgen. Durch wiederholte Injektionen mit Procain erhöht sich die Spannung in den Nerven und die Durchblutung bessert sich kontinuierlich. Damit tritt Linderung oder Beseitigung der Beschwerden ein. Um also einen guten Gesamtaufbau zu erreichen, ist es empfehlenswert, die **Nervenzellen über die Ganzheitstherapie auch von Innen heraus zu stärken.** Im Zusammenhang mit der Neuraltherapie ist zu beachten, dass Procain über das Bindegewebe ohne zu schaden abgebaut wird! Im Gegensatz zu anderen, meist von der Schulmedizin verwendeten Neuraltherapeutika, die über die Leber abgebaut werden und damit diese wiederum belasten.

Achtung! Bei getesteter Allergiebereitschaft gegen Procain sollte der kundige Behandler zu Lidocain greifen.

Störfeldbehandlung:
Manchmal besteht eine Erkrankung durch ein **Narbenstörfeld**. Deshalb sollten Narben, welche Beschwerden bereiten, zeitweilig mit Procain unterspritzt werden. Oftmals verschwinden Störungen von einem Augenblick zum anderen. Man spricht dann vom berühmten „Sekundenphänomen".

Fernstörwirkungen können auch von den **Zähnen** ausgehen, die mit Organen in Wechselbeziehungen stehen. Zahnsanierungen bei vorhandenen Fokalherden und toxischen Belastungen durch Amalgam, welche den Organismus über das Blut belasten können, sind erforderlich.

Amalgamfüllungen, bestehend aus Quecksilber und Silberfeilspänen, sind nicht nur toxisch, sondern bedingen auch die Entstehung von Fremdströmen im Mund. Diese wiederum irritieren das vegetative Nervensystem. Werte, die über oder unter 2 A (Galvoströme) liegen, sind pathologisch. Durch den elektrochemischen Prozess kommt es zum Freiwerden von Quecksilberionen, die allergische Reaktionen auslösen können.

Ein Beispiel für die Überhäufung des Körpers mit Giftstoffen zeigt der folgende Fall:

Ein junger Mann, etwa Mitte 20, aus Linz in Österreich, kam mit einem **offenen Bein** (Ulcus cruris) in die Praxis. Trotz intensiver Behandlung durch verschiedene Therapeuten verschlechterte sich nicht nur sein Leiden, sondern auch sein Allgemeinzustand erheblich.

Der junge Mann konnte vor Schmerzen in der Nacht kaum schlafen! Ebenso schmerzte jeder Schritt, den er am Tage ging! Dazu kamen Muskel-, Gelenk- und Herzbeschwerden, Erschöpfung und Depressionen. Wie wird es wohl in einigen Jahren sein, wenn sich bei ihm nichts ändert. Aus der segensreichen Ganzheitstherapie schöpfte er aber neue Hoffnung!

Bei den offenen Beinen handelt es sich (bei etwa 15% der Fälle) um arterielle Durchblutungsstörungen. Etwa 85% haben eine chronische venöse Stauung.

Die Naturheilkunde betrachtet diese Erkrankung als ein Ventil des Körpers, über welches er Gifte ausscheiden will. Durch Leistungsminderung der Entgiftungs- und Ausscheidungsorgane häufen sich die Toxine im Körper an.

Die im HP-Labor Tamm durchgeführten **Präkanzeroseteste** (Vorkrebsstadium) waren hier stark positiv. Es wundert mich immer wieder, wie wenig diese wertvollen Teste nach Prof. Dr. Neunhoeffer, Dr. Gutschmidt und Dr. Scheller[5] bekannt sind. Wie vielen Menschen könnte rechtzeitig geholfen werden, wenn ein gesamtes Krebsgeschehen im Vorfeld abgeklärt würde. In einem **immunbiologischen Test** mit dem Mikroskop zeigten sich **Infektionserregergifte,** die aus dem Lymphsystem ins Blut gelangen. Diese konnte man mit den entsprechenden **Spenglersanen** über Einreibung in die Haut angehen.

Mit **neuraltherapeutischen Injektionen** an den lumbalen Grenzstrang, Ileosakralgelenke, Nervus femoralis und Nervus tibialis, bzw. Nervus fibularis, zusätzlich zur allgemeinen Ganzheitstherapie, konnte nach einiger Zeit, eine fortschreitende Verbesserung erreicht werden.

Die Toxine gelangten nun über die in ihrer Leistung verbesserten Ausscheidungsorgane aus dem Körper.

Im Rahmen der Ganzheitstherapie zur Organstärkung ist es unumgänglich, alte und neue Behandlungsmethoden zu kombinieren, die eine grundlegende Entgiftung des Körpers zum Ziel haben. Von Innen, durch die Ganzheitsbehandlung, von Außen mittels der Neuraltherapie. Nur so ist es möglich, eine Gesamtheilwirkung zu produzieren.

Erst als diese Zusammenhänge im ganzheitlichen Therapieplan berücksichtigt wurden, kam nach und nach die große Wende!

Die Öffnung am Bein schloss sich von ganz allein! Der Gesamtzustand verbesserte sich ebenfalls, so dass der junge Mann mit Freude jeden Abend zu Bett ging, in der Gewissheit, erholsamen Schlaf zu finden. Ebenso verschwanden die Depressionen, Erschöpfungszustände und Ängste, die ihn vorher sehr belastet hatten.

Eine 39-jährige Ehefrau und Mutter aus Kaufbeuren war bis zum 30. Lebensjahr das, was man eine lebenslustige, vitale junge Frau nennt. Als eifrige Joggerin erfreute sie sich einer ausgezeichneten Kondition. Eines Tages stellte sie fest, dass sie das Tempo der Mitläufer plötzlich nicht mehr mithalten konnte! Ein jahrelanger Leidensweg begann. Sie schilderte ihre Beschwerden in eindrucksvoller Form: „So seltsam es klingen mag: Mir schlafen beim Joggen die Füße und die Arme ein. Je mehr ich mich anstrenge, umso mehr nimmt das Taubheitsgefühl in den Zehen und in den Fingern zu. Dazu kommt eine unerklärliche Erschöpfung mit Herzbeschwerden und immer stärker werdende Angstgefühle mit Depressionen. Der Rücken und die Halswirbelsäule bereiten mir unerträgliche Schmerzen.

Bei sportlichen Unternehmungen kann ich nicht mehr mitmachen. Ich fühle mich mehr und mehr als Außenseiter. Zu all den peinigenden Schmerzattacken kommt auch noch eine ungewohnte Sehschwäche dazu. Bei jedem Wetterumschwung fühle ich mich wie gelähmt. Es ist mir fast nicht mehr möglich, die notwendigsten Besorgungen für den Haushalt zu erledigen. Mit knapp 40 Jahren fühle ich mich mehr tot als lebendig! Wenn abends die Angstanfälle kommen, lege ich mich ins Bett und ziehe mir die Decke über den Kopf. Kein Therapeut kann mir helfen! So viel ich auch von Praxis zu Praxis, von Klinik zu Klinik lief. Die erfolgten Untersuchungen ergaben keinen greifbaren Befund. Als sie mich jetzt zum Psychiater schicken wollten, rebellierte etwas in mir. Ich bin doch nicht verrückt! Als letzte Hoffnung erscheint mir die Naturheilkunde um dort Hilfe zu finden."

Und tatsächlich – sie hatte Glück, die richtige Praxis zu finden! Die nun erfolgte Gesamtuntersuchung erstaunte! Die Form der Untersuchung war ihr bis zu diesem Zeitpunkt nicht bekannt. Nach und nach zeigten sich die tieferen Ursachen.
„Das erste Mal nimmt sich ein Therapeut Zeit für mich!"

Es wurden die Augen, die Fingernägel und die Zunge beachtet, sowie Schwächezeichen erfasst. Des Weiteren erfolgte die BFD-Diagnostik nach Dr. Voll (s.o.) mit etwa 90 Organanteilen.
Die Werte waren entsprechend schlecht.
Der **immunbiologische Test** nach Dr. Spengler kam dazu. Erreger- und Umweltgifte **belasteten alle ihre Organsysteme.** Auch die Krebsfrüherkennungsteste erklärten einiges mehr. Die Gesamtgiftkonzentration im Körper lähmte die Atemenzyme in den Zellmembranen. So gelangte kein Sauerstoff und keine Nährstoffe in die Zellen. Nach Dr. Seeger[6] verbleiben die Schlacken in den Zellen, welche dann vom Sauerstoffwechsel in einen Gärungsstoffwechsel umschalten. Das Krebswachstum beginnt! **Dank der gezielten Ganzheitstherapie (s.o.) mit der Wirkung von Innen (Ganzheitstherapie) und von Außen (Neuraltherapie mit Beinprogramm) konnte der jungen Frau letztlich doch noch geholfen werden. Sie ist heute wieder fit und aktiv, joggt, macht den Haushalt, kümmert sich um ihren Enkel.**
Es wurden nicht nur die Organe gestärkt, sondern die Bein- und die Armdurchblutung in den Normalzustand gebracht. **Auch in den Krebsfrüherkennungstesten zeigte sich in der darauffolgenden Zeit deutliche Besserung.**
Ein neues Leben begann!

Injektoakupunktur

Einen weiteren, wesentlichen Beitrag zur therapeutischen Stärkung der Organsysteme leistet die Injektoakupunktur[7]. Bei der Injektoakupunktur erfolgt mittels einer Spritze und dünner Kanüle eine **intracutane Quaddel in den Akupunkturpunkt** (AP-Punkt). Das Treffen des AP-Punktes **ohne Punktmessung ist nicht immer genau**. Die Menschen sind von unterschiedlicher Größe und Körpergewicht. Mit den in der Fachliteratur empfohlenen Abmessungen besteht also immer die Gefahr, den AP-Punkt nicht exakt zu treffen. Mit der Punktmessung lässt sich der AP-Punkt am Körper lokalisieren. Da die Punktmessung aber in den meisten Fällen nicht praktiziert wird, gibt man bei der Injektoakupunktur eine Quaddel in den gedachten, bzw. vermeintlichen Punkt. So strahlt die Quaddel in die Umgebung aus und der AP-Punkt wird in jedem Fall stimuliert.

Es gibt eine Reihe von **homöopathischen Injektionspräparaten**, die man mit etwas Procain zur Quaddelung mischen kann.

Ein weiterer Vorteil dieser Methode liegt darin, dass im Rahmen der Ganzheitsbehandlung eine **Rundumbehandlung** möglich ist.

Im Ohr allerdings sollten die AP-Punkte immer mit der Ohrakupunkturnadel organbezogen stimuliert werden. Es ist von Vorteil, diese AP-Punkte mit einem Punktsuchgerät und einem Ohrmessgriffel zu lokalisieren. Wie bereits erwähnt, befinden sich auf den Meridianen (Energiebahnen) die AP-Punkte, über welche der gestörte Energiefluss ausgeglichen wird. Damit werden die Erkrankungen, die aufgrund des gestörten Energieflusses auf den Meridianen, bzw. an den AP-Punkten auftreten, beeinflusst. Lässt die Gesamtenergie im Organismus aber wieder nach, kann es sein, dass die Beschwerden wieder auftreten. **Die Energiebildung in den Zellen ist ein komplexer Prozess, der wiederum von der Funktion aller Organsysteme abhängt.** Auf Grund dessen ist die **Akupunktur** zwar eine gute, aber lediglich nur eine **Teilmethode der Ganzheitstherapie**. Es wird wohl kaum einen Menschen geben, dessen Organsysteme alle gesund sind. So macht es sich erforderlich, mit der Akupunktur, bzw. Injektoakupunktur für den **Energieausgleich in allen Organen zu sorgen** und nicht nur auf die Beschwerden Einfluss zu nehmen. Zur Injektoakupunktur sollte nach Möglichkeit die EAP (Elektroakupunktur nach Dr. Voll) integriert werden. Je nach Ausgangslage stimuliert man den Akupunkturpunkt über das Tonisieren (anregen) oder Sedieren (hemmen). Oft finden wir am AP-Punkt ein gutes Ruhepotential, welches sich verringert, je länger die EAP andauert. Das jeweilige Organ, z.B. das Herz oder die Herzkranzgefäße, saugt die Energie regelrecht auf. Erst nach längerer Therapie, wenn eine Sättigung erfolgt ist, verbessert sich der Wert am Punkt. Der interessierte Leser, bzw. Therapeut, wird sich über die ausführliche Beschreibung der allgemein in Frage kommenden AP-Punkte nach Schrecke-Wertsch im Buch „Endlich wieder Gesund!" informieren können.

Ein Pastor aus Franken durchlebte mühselige Lebensjahre. Ein jahrelanges Leiden brachte den Pastor in schwere Bedrängnis. Da erfuhr er von der spezifischen Ganzheitsdiagnostik und -therapie. Wie er dann neuen Lebensmut schöpfte und kontinuierlich wieder Lebensqualität erreichte, soll der folgende Bericht zeigen. Als der Mann in die Praxis kam, schilderte er eindrucksvoll seine Leiden. „So manches Wort von der Kanzel muss wohl eigenartig geklungen haben, wenn ein glühender Schmerz wie aus heiterem Himmel in meine Schulter schoss. Ich trete ständig von einem Bein auf das andere, weil meine Fußgelenke vor Schmerzen einen ruhigen Stand unmöglich machen. Oft auch kann ich vor Schmerzen den Kopf nicht drehen. Nachts ist an Schlaf nicht zu denken. Wenn ich mich hinlege, um am frühen Morgen wieder einsatzbereit zu sein, überfällt mich eine innere Unruhe. Mein Herz klopft wie verrückt und der Puls rast. Auch die Nieren schmerzen in einer unerträglichen Weise. So muss ich häufig aus dem Bett aufstehen und stundenlang umhergehen, wodurch auch meine Frau in ihrer Nachtruhe massiv gestört wird. Komme ich dann spät in der Nacht endlich doch noch zum Schlafen, so weckt mich ein unwiderstehlicher Harndrang. Des Weiteren plagen mich Schmerzen in der Lendenwirbelsäule und im Kreuzbein, sowie immer wieder Beinlähmungen. Am meisten schockiert mich mein Gedächtnis. Während meiner gut vorbereiteten Predigten entfielen mir plötzlich Worte oder Begriffe. Meine Kirchengemeinde muss inzwischen wohl denken, dass sich ihr guter Hirte geradewegs auf die Krankheit Alzheimer zu bewege. Man kann sich wohl denken, dass auch meine Ehe unter all diesen Problemen leidet. Früher war ich ein begeisterter Sportler, der keine Müdigkeit kannte. Jetzt aber macht mir eine unerklärliche Mattigkeit das Leben zur Qual. **Nachhaltige Hilfe bekam ich nirgendwo!"**

Durch die 1981 entwickelte spezifische **Ganzheitstherapie,** in der alle wichtigen Methoden in einer Sitzung kombiniert werden und in der so die all umfassende Heilwirkung entsteht, ging es mit diesem schwer leidenden Mann nach und nach bergauf. Natürlich braucht auch dies alles seine Zeit, je nachdem wie stark die Organsysteme geschwächt sind. Nach einer Serie von Ganzheitsbehandlungen konnte man von einem echten Durchbruch sprechen. Natürlich wurde der Mann nicht nur behandelt, sondern er stellte auch seine Ernährung auf **basische Kost** um und **nahm homöopathische Präparate ein.** Diese wurden ihm zusätzlich **injiziiert.** Darüber hinaus bemühte er sich, **positiver zu denken,** was ihm immer leichter fiel, je mehr die Beschwerden sich verbesserten. Die Ursachen wurden endlich erkannt, eingekreist und nach und nach behoben. Wir wissen alle, dass mit dem Älter werden ein Energieabfall verbunden ist. Schädigende Umwelteinflüsse tun noch ihr Übriges dazu. Meist werden dem Ende zu alle Reserven mobilisiert, bevor der große Zusammenbruch kommt. Der größte Übeltäter als tiefere Ursache, war auch in diesem Fall wieder eine, durch das Labor bestätigte, **Präkanzerose** (Vorkrebsstadium), welche die Abwehr und die Organsysteme weitgehend geschädigt hatte.

Baunscheidtieren

Baunscheidtieren[8] als wesentlicher Bestandteil der Ganzheitstherapie, wird auch als „die Akupunktur des Westens" bezeichnet. Baunscheidt entdeckte 1848 die Methode der **Einflussnahme auf den Organismus des Menschen über die Haut.** Schon seit etwa 26 Jahren behandele ich einzelne Schmerzbereiche am Rücken, sämtliche Reflexzonen mit der Methode „Baunscheidtieren". Der mit dem „Lebenswecker" (Handgerät zum Baunscheidtieren) gesetzte **Heilreiz** wird über die Wirbelsäule umgeschaltet und gelangt so zu den Organen. Dort bewirkt dieser gesetzte Heilreiz eine Anregung zur besseren Funktion der Organsysteme. Gleichzeitig findet eine **Ausleitung** über die Haut statt. Ebenso integriert sich die Baunscheidtiermethode in die **Behandlung der Energiebahnen** (Meridianen). Damit werden die darauf sich befindenden AP-Punkte erfasst, die, so stimuliert, ebenfalls eine Regulation in den davon abhängigen Bereichen des Körpers erfahren. Im „Lebenswecker" befindet sich ein Nadelkopf mit etwa 30 Nadeln. Damit wird in die Haut geritzt. Anschließend wird mit dem Pinsel ein **mildes** Baunscheidtieröl oder AF-Tonic (Ameisensäurepräparat)aufgetragen. Die kleinen Hautöffnungen haben dann die oben erwähnte Einflussnahme zur Folge, die in der Kombination mit den verschiedenen Naturheilmethoden wiederum an der Organstärkung beteiligt ist.

Bei **Rückenschmerzen, Schulterschmerzen, oder Verspannungen** lohnt es sich immer wieder, statt dem Baunscheidtieren eine durchblutungsfördernde, lymphwirksame **Schröpfmassage** mit dem Gummiballglas anzuwenden. Dabei wird die Haut mit dem Gummiball in das Glas gesaugt. Dies wird nun, von der Wirbelsäule aus, Bahn für Bahn nach außen gezogen. Zuvor wird eine durchblutungsfördernde Salbe auf die Haut aufgetragen und darauf etwas „AF-Tonic"

(Ameisensäurepräparat). Vom Halsansatz bis zum Gesäß wird damit die Haut angehoben. Die Adhäsionen (Verklebungen) und die Verspannungen werden gelöst. Die Blutzirkulation zwischen Subcutis (Unterhaut) und Muskulatur kommt wieder in Gang. Sauerstoff und Nährstoffe gelangen besser in die Zellen und Stoffwechselprodukte werden abtransportiert.

Die zivilisatorischen Erkrankungen nehmen weltweit zu. Ihre Symptome werden sich immer ähnlicher. Doch auf der Suche nach den Ursachen tappt die Schulmedizin nach wie vor meist im Dunkeln.

Eine sehr angeschlagene und mitgenommene Frau aus Erfurt kam vor Jahren in meine Praxis und schilderte ihren Leidensweg: „Schon als Kind fühlte ich mich nicht besonders gut. Bei jeder Erkältung hütete ich tagelang das Bett. Röntgenuntersuchungen der Atemwege führten nur zu unklaren Verdachtsmomenten, so dass man mich immer wieder in Erholung schickte. Mit zunehmendem Alter nimmt nun meine Leistungsfähigkeit immer mehr ab, ebenso meine Konzentrationsfähigkeit und meine Gedächtnisleistung. Dazu kommen unklare und wechselnde Schmerzen in den verschiedensten Körperbereichen. Große Sorgen machen mir die Beschwerden in Magen, Darm und in der Herzgegend. Übelkeit, Brechreiz und ein ungewöhnliches Benommenheitsgefühl nehmen beunruhigende Ausmaße an. Ein- und Durchschlafstörungen, sowie ein Kribbeln, bzw. Taubheitsgefühl in den Händen und Füßen versetzt mich in Panik. Die unerklärlichen Erschöpfungsgefühle, verbunden mit Angst machen mir zu schaffen. Man empfahl mir, einen Psychiater aufzusuchen, denn ich würde mir das alles nur einbilden. Körperlich sei ich gesund! Aber ich bin keine Simulantin! Dabei ordnete man der Lunge einen großen Teil Schuld als tiefere Ursache für das gesamte Geschehen zu. Röntgen, Leberpunktionen, Darmspiegelungen und vieles mehr brachten keine brauchbaren Ergebnisse. Innerhalb von drei Monaten verlor ich 14 Kg Gewicht. Dies gab den Ausschlag eine andere Heilmethode zu wählen!"

Es könnte doch sein, dass die Therapeuten an den Zivilisationserkrankungen vorbei ausgebildet werden und mit ihren Methoden die tieferen Ursachen nicht erfassen können. In diesem Fall waren bei der Patientin die vorhandenen Lymphknotenschwellungen in beängstigender Größe nicht zu übersehen. Mit altbewährten, aber auch modernen naturheilkundlichen Methoden gelang es schließlich, die Ursachen zu ergründen und die richtige Therapie im ganzheitlichen Sinne einzuleiten. Harn und Blut wurden nicht nur in der Praxis untersucht, sondern auch in einem Labor. Nach den Untersuchungsergebnissen lag eine stark ausgeprägte Präkanzerose vor, welche an der Multiintoxikation als Hauptursache den größten Anteil hatte. Leider wird diese **echte Krebsfrüherkennung** nach Prof. Dr. Neunhoeffer, Dr. Scheller und Dr. Gutschmidt von der Schulmedizin missachtet. Mit der Ganzheitstherapie, Ernährungsumstellung und mit homöopathischen Präparaten konnte die weitere Entwicklung schadhafter Zellen gestoppt und die Organe gestärkt werden. Die körpereigene Abwehr übernahm wieder die Herrschaft. Die Frau fand wieder Freude am Leben, denn es ging bergauf!

Es ist immer wieder erstaunlich, wie oft Therapie resistente Erkrankungen durch die spezifische Ganzheitstherapie gelindert oder auch oftmals zum Verschwinden gebracht werden. Man muss sich immer wieder wundern, wie vital viele Menschen, selbst im hohen Alter, noch sein können.

Eine Frau aus dem Norden Deutschlands, berichtete in der Praxis wie folgt: „Ich fühle mich schon in meinen mittleren Lebensjahren wie ein Wrack. Die Vormittagsstunden kann ich gerade noch so durchhalten. Doch danach schleppe ich mich total erschöpft durch den restlichen Tag. Mit unerklärlichen Angst- und Depressionsgefühlen. Ein taubes Gefühl in den Knochen, der Wirbelsäule und in der gesamten Muskulatur macht mir immer mehr zu schaffen. Dazu kommen Herzbeschwerden, Kopfschmerzen, Erkältungen und Nasennebenhöhlenentzündungen, sowie Schlaflosigkeit und Nierenbeschwerden. Meine Haut zeigt überall Pusteln und rote Flecken. Schon mit 25 Jahren fühlte ich mich den Toten näher als den Lebenden! Am unangenehmsten empfinde ich diese immer stärker werdenden Müdigkeits- und Erschöpfungszustände. Meine Energie wird wie von einer unsichtbaren Kraft aus mir herausgezogen. Heute, mit 40 Jahren, habe ich das Gefühl, als ob ich mich im Siechtum befinde. Viele Therapeuten untersuchten mich mit den teuersten Geräten und den verschiedensten Methoden, ohne eine greifbare Spur zu finden. Irgendwann stellte dann ein Therapeut Krebs fest. Danach endlich fand ich meinen „Lebensretter" im Allgäu!"

Bei dieser Patientin waren alle Beschwerden auf die **Wirkung der Krebszellgifte** zurückzuführen. Der Krebs war so weit fortgeschritten, dass jeder darüber stolpern musste! In der Naturheilpraxis wurde sie gründlich untersucht. Dazu gehörten auch spezielle Laboruntersuchungen, die sogar von Professoren und Ärzten entwickelt wurden. Leider kaum bekannt! Die Ursachen führten zu einer fortlaufenden **Schwächung der Organsysteme.** Schwache Organe aber bedeuten auch schwache Abwehr. Die körpereigene Abwehr, welche in einem schwachen, angeschlagenen Organismus gebildet wird, kann natürlich nicht viel ausrichten. Die grundlegende Therapie in der Naturheilpraxis besteht darin, die Organsysteme zu stärken, damit **bessere, wirkungsvollere Antikörper** gebildet werden können. Die gestärkte Abwehr löst dann Tumorzellen und Gifte aus Zellverbindungen auf. Die in ihrer Funktion verbesserten Ausscheidungsorgane scheiden die unverträglichen Stoffe aus dem Körper aus. Somit ist der Weg zur Genesung geebnet. Nach vielen Behandlungen „habe ich eine Entwicklung zum Guten erlebt. Ich empfinde wieder Freude, am Leben teilzunehmen. Vor allem fühle ich mich jetzt mit inzwischen 52 besser und gesünder als jemals in meinem Leben!" Die wechselnden

Schmerzen, Durchblutungsstörungen, die Angstgefühle, Atemnot und die totale Erschöpfung sind einem neuen Lebensgefühl gewichen! „Ich bin sicher, den Sieg über den Krebs davontragen zu dürfen!"

Energiedurchflutung

Energiedurchflutung mit einem BFD-Gerät nach Dr. Voll stellt ebenfalls eine elektrophysikalische Behandlung dar. Bei der Gesamtdurchflutung werden Fußelektroden miteinander verbunden, ebenso 2 Handgriffel. Über die Plusbuchse werden alle Elektroden am Gerät angeschlossen. Die Stirnelektrode links und rechts verbindet ein Kabel, welches mit der Minusbuchse am Gerät verbunden ist. Zunächst stellt man die Intensität auf 1,5 – 2 µA (etwas unter der „Kribbelgrenze"), sowie die Pendelfrequenz auf die Therapie, welche zwischen 0,4 bis 12 Hz schwingt. Diese Frequenz kann eine kranke Zelle aufnehmen, da sie ebenfalls in diesem Bereich schwingt. Frequenzen, die darüber liegen betrachte ich als unphysiologisch. 0,4 bis 4,0 Hz wirkt auf Blut und Lymphe. 4,0 bis 7,0 Hz beeinflusst die Nervenzellen. 7,0 bis 12,0 Hz wirkt auf alle Zellen. Mit dem BFD-Gerät kann man auch mit Festfrequenzen therapieren, während bei der Normautomatik die Frequenzen durchlaufen. Es gibt also die Möglichkeit, auf **Dauerpendelfrequenz** ohne Zwischenanzeige einzustellen oder auf **Normalautomatik** mit Zwischenanzeige, bei der die Ausgangslage angezeigt wird. Nach etwa 20 Minuten ist der erreichte Messwert abzulesen. Nachfolgend noch einige Festfrequenzen, die auf verschiedene Erkrankungen Einfluss nehmen:

Indikation	Frequenz in Hz	Aktive Elektrode an der roten Buchse (+)	Passive Elektrode an der schwarzen Buchse (-)
Angina	9,45	Platten-Elektrode auf die Halsseite mit den stärkeren Beschwerden	Platten-Elektrode auf die gegenüberliegende Halsseite
Angina pectoris	9,45	Platten-Elektrode ggf. mit Magnesiumchlorid-Lösung anfeuchten und auf die Herzgegend legen	Platten-Elektrode auf den Rücken
Angst	5,8	Eine Hand-Elektrode in die linke Hand	Eine Hand-Elektrode in die rechte Hand
Arteriosklerose	3,3	Bei erhöhtem Blutdruck mit langem, harten Arteriengeräusch, welches man in der Ellenbeuge bei der Blutdruckmessung hört. Wenn dieses Geräusch verschwindet und sich der Blutdruck senkt, ist dies ein Zeichen dafür, dass sich der Spasmus durch die Behandlung gelöst hat und die Behandlung beendet werden kann.	
Arthritis	9,6	Eine Platten-Elektrode an der Vorder- oder Außenseite des Gelenkes anlegen	Die Gegen-Elektrode an der Hinter- oder Innenseite des Gelenkes anlegen
Blasenbeschwerden	9,4	Fuß-Elektrode unter den Fuß der Seite mit den stärkeren Beschwerden	Fuß-Elektrode unter den anderen Fuß
Bronchitis	9,4	Hand-Elektrode	Fuß-Elektrode
Dysmenorrhoe	3,5 + 4,9	Hand-Elektrode	Hand-Elektrode
Dysmenorrhoesche Blutung	4,0	Hand-Elektrode	Hand-Elektrode
Endokrine Störungen	9,45 ... 9,5	Hand-Elektrode	Hand-Elektrode Funktionsstörungen der Nebenniere Funktionsstörungen der Schilddrüse Funktionsstörungen der Keimdrüsen Funktionsstörungen der Hypophyse
Gelenkmobilisierung	9,6	Vgl. Arthritis	
Gelenkschmerzen infolge Gicht	9,4	Elektroden anlegen wie bei Zirkulationsstörungen	
Heiserkeit	9,5	Platten-Elektrode auf den Kehlkopf	Platten-Elektrode in den Nacken

Hochdruck	6,0 9,2 9,4	Hand-Elektrode *Systolischer Hochdruck:* Hypertonie und Extrasystolen *Diastolischer Hochdruck:* Nierenschäden, Diabetes und chronische Ekzeme *Spastischer Hochdruck*	Hand-Elektrode
Hypertonie arteriosklerotisch	3,3	Hand-Elektrode	Hand-Elektrode
Hypertonie diastolisch	9,2	Hand-Elektrode	Hand-Elektrode
Hypertonie klimakterisch	9,5	Hand-Elektrode	Hand-Elektrode
Hypertonie spastisch	9,45	Hand-Elektrode	Hand-Elektrode
Ischias	9,7	a) bei einseitigem Ischias: 1. aktive Fuß-Elektrode, wenn die neuritischen Beschwerden am Unterschenkel und Fuß sind, passive Platten-Elektrode auf Oberschenkelrückseite 2. aktive Platten-Elektrode über Wirbelsäule in der Lumbalgegend, wenn die lumbalen Anteile des Ischiadicus betroffen sind. Fuß-Elektrode als passive Elektroden b) bei beiderseitigem Ischias aktive Fuß-Elektroden, inaktive Platten-Elektroden auf die Lumbalgegend: Drei-Elektroden-Behandlung zur Längsdurchflutung beider Extremitäten	
Knochenhautentzündung	2,65	Platten-Elektrode auf die Entzündungsstelle	Hand- oder Fuß-Elektrode je nach dem Sitz der Periostitis
Laryngitis	9,5	Platten-Elektrode auf den Kehlkopf	Platten-Elektrode auf den Nacken
Menses, Blutung verstärkt	2,5	Vaginal-Elektrode	Fuß-Elektrode oder Hand-Elektrode
Migräne	9,5	Platten-Elektrode auf die Stirn	Platten-Elektrode in den Nacken
Müdigkeit	2,2	2 miteinander verbundene Hand-Elektroden	2 miteinander verbundene Fuß-Elektroden
Muskelkrampf	6,8	Durchfluten mit Hand- oder Fuß-Elektroden je nach Sitz der betroffenen Muskelpartien	

Myom	2,5	Fuß-Elektrode auf der Myomseite oder Vaginal-Elektrode	Fuß-Elektrode auf der Gegenseite oder Platten-Elektrode ins Kreuz legen
Nackensteifigkeit	9,4	Platten-Elektroden wie bei Zirkulationsstörungen oder Roll-Elektrode zum Berollen der Hand-Elektrode Myalgien	
Ödeme	2,5 + 9,4	Hand- oder Fuß-Elektroden zum Durchfluten	
Otosklerose	9,2	Hand-Elektroden, eventuell zusätzlich 3,3 Hz geben, wenn kombiniert mit Arteriosklerose, oder aktive Gehörgangs-Elektrode auf der gleichen Seite	
Pankreasstörungen	4,0	Hand-Elektrode	Hand-Elektrode
Parästesien in den Händen	9,4	Wie bei Zirkulationsstörungen	
Parästesien in den Beinen	9,4	Mit Roll-Elektroden das parästhetische Gebiet berollen	Fuß-Elektrode
Paresen	9,4	Mit Roll-Elektrode das Gebiet der Parese behandeln	Hand- oder Fuß-Elektrode
Phlebitis (Venenentzündung)	10,0	Aktive Elektrode auf die entzündlichen Venen, inaktive Fuß-Elektrode als Längsdurchflutung oder inaktive Elektrode auf der gegenüberliegenden Seite als Querdurchflutung oder oberhalb des Endes der Venenentzündung als Schrägdurchflutung	
Schlaflosigkeit	2,5	Aktive Elektrode auf Stirn und Augen legen, inaktive Platten-Elektrode in den Nacken. *Beachte* Um Kontakt mit dem Auge zu bekommen, lege man feuchte Watte auf Auge und darüber die feuchte Elektrode auf Supraorbitale und Jochbein. Man darf aber nur gleichgerichtete positive Pulse (PP) zur Vermeidung des Aufblitzens an der Netzhaut verabreichen. Abbau mindestens auf LW 70!	
Schnupfen	2,9	Platten-Elektrode auf die Seite mit den stärkeren Beschwerden	Platten-Elektrode auf die gegenüberliegende Halsseite
Schwäche in den Knien	3,5	Fuß-Elektroden oder Platten-Elektroden beiderseits vom Knie anlegen zur Querdurchflutung	
Sinusitis / Nebenhöhlenentzündung	2,5	Platten-Elektrode auf die betroffene Stirn- und Kieferhöhle	Platten-Elektrode in den Nacken
Tachykardie (zu schneller Herzschlag)	1,2	Hand-Elektrode in die linke Hand	Hand-Elektrode in die rechte Hand
Ulcus duodeni/ ventriculi	9,4	Hand-Elektrode	Hand-Elektrode

Zirkulations-störungen	9,4	Bei Störungen in den Beinen beide Fuß-Elektroden, bei Störungen in den Armen beide Hand-Elektroden nehmen oder eine feuchte inaktive Platten-Elektrode auf den Nacken legen und mit Spezialkabel 2 gekuppelte Röhren-Elektroden als aktive Elektroden in beide Hände nehmen (Drei-Elektroden-Behandlung)	
Varizen	9,4	Platten-Elektrode oberhalb der Krampfadern anlegen	Fuß-Elektrode
Zittern	3,5	Hand-Elektrode	Hand-Elektrode

Jeder Schmerz ist auch immer ein Schrei nach Energie und im Blut zirkulierende Gifte bewirken die meisten Entzündungen. Der mündige Patient wird seinen Behandler gern auf die, in diesem Buch beschriebenen Maßnahmen hinweisen. Natürlich können die verschiedenen, zur Organstärkung beschriebenen Therapien einzeln angewendet werden. Jedoch bietet die **Kombination der verschiedenen Therapien** mehr Aussicht auf Erfolg, da mit dieser Kombination die Gesamtheilwirkung produziert wird.

Mit den Methoden der spezifischen Ganzheitstherapie kann ein geschwächter Organismus wieder vital werden und somit vor einem, unter Umständen langen Leiden bewahrt bleiben. In der medizinischen Altersforschung hat man erkannt, dass der Mensch aufgrund der möglichen Zellteilung ca. 120 Jahre alt werden könnte, vorausgesetzt, die Organsysteme halten bis dahin durch und versagen nicht vorzeitig. Ganzheitliche Therapien beweisen mit ihren Erfolgen immer wieder aufs Neue ihre Wirksamkeit.

Ein Patient aus München hat es am eigenen Leib erfahren. Für ihn fing alles recht harmlos an. Er war lediglich ab und zu erkältet. Auch als eine Magen-Darm Grippe diagnostiziert wurde, war er noch unbesorgt. Als jedoch Leber- und Nierenstörungen hinzukamen, dazu Durchblutungsstörungen an Händen und Füßen, machte er sich recht sorgenvolle Gedanken. Plötzlich ließ seine Leistungsfähigkeit insgesamt nach, ebenso die Gedächtnis- und Konzentrationsfähigkeit, begleitet von zeitweiligem Kopfdruck mit Benommenheitsgefühl. Außerdem machten ihm unangenehme Schulter-, Rücken- und Gelenkschmerzen zu schaffen. Schließlich kam es zum Zusammenbruch, verbunden mit Blut im Darm und Magen. So fühlte er sich in seinem mittleren Alter mehr tot als lebendig. Die ihm verschriebenen Rheuma- und Schmerzmittel brachten vorübergehende Linderung, jedoch nach kurzer Zeit kehrten die alten Beschwerden wieder zurück. Das Erschöpfungsgefühl, die Depressionen und Antriebslosigkeit nahmen ebenso zu, wie die Kreislaufbeschwerden.

In diesem Zustand fand der gequälte Patient in der Naturheilpraxis für Ganzheitsdiagnostik und -therapie Hilfe. Erst erfolgten klinische Untersuchungen, die BFD Messung nach Dr. Voll und weitere umfangreiche Laboruntersuchungen. Es wurden 15 Organsysteme mit insgesamt etwa 90 Organanteilen angemessen. Über das Labor kam, durch spezielle Präkanzeroseteste (Vorkrebsstadium), eine Krebsentwicklung zum Vorschein, die mit ihren Toxinen all die Erkrankungen bewirkt hatte. (Nach Dr. Reckeweg[9] ist jede Erkrankung (außer Infektionen) auf eine Überhäufung des Körpers mit Toxinen (Gifte) zurückzuführen.) Die geschwächten und entzündeten Organsysteme wurden in aufeinander abgestimmten Behandlungsserien erfasst. Durch die Organstärkung wurde die Abwehr gebessert, was die Geschwindigkeit der Krebsentwicklung reduzierte und die in ihrer Leistung verbesserten Ausscheidungsorgane schafften die Toxine aus dem Körper. Die Nachuntersuchung zeigte nicht nur bessere Ergebnisse, sondern es stellte sich ein völlig neues, kaum noch für möglich gehaltenes Wohlbefinden, sowie eine gesteigerte Leistungsfähigkeit ein. Dieser Fall zeigt einmal mehr, dass man durch die Ganzheitstherapie aktiv älter und gesünder werden kann.

Sauerstoff

Sauerstoff als Therapie hat in den letzten Jahrzehnten an Bedeutung gewonnen. Sauerstoffmangel führt zwangsläufig zu Durchblutungsstörungen in allen Bereichen des Körpers. In der Atemluft haben wir eine Sauerstoffkonzentration von 20,93 Vol%. Als farb-, geruchs- und geschmackloses Gas ist es für fast alle Lebewesen ein lebensnotwendiges Elixier.

Im Ruhezustand nimmt der Mensch wenig Sauerstoff auf, jedoch steigt die Aufnahme von Sauerstoff bei körperlicher Belastung, aber auch bei Fieber an.

Es gibt medizinische Geräte, mit denen man den Sauerstoffdruck im Blut transcutan (über die Haut) messen kann. Leider erfasst man so nur den arteriellen Wert. Besser ist die Messung aus dem **arteriellen und venösen** Blut. Die Differenz zwischen dem arteriellen und venösen Anteil nennt man die Utilisation (Aufnahme in die Zelle) bzw. AVD (Arterio-Venöse Differenz). Dieser Sauerstoffpartialdruck (AVD) sollte 45 Torr betragen.

Eine gute Sauerstoffaufnahme trägt im besonderen Maße zur Lebensverlängerung auf aktiver Basis bei und ist vom Ausmaß der körperlichen Bewegung abhängig. Ein erhöhter Sauerstoffbedarf besteht bei Störungen im Herz-Kreislaufsystem, der Atmungsorgane, bei Gehirn-, Sehstörungen, grauem Star, verminderte Hörleistung, Leber- und Nierenfunktionsstörungen, hormonellen Störungen. Darüber hinaus benötigt auch das Bindegewebe viel Sauerstoff.

Sehr wichtig ist eine Ganzheitsbehandlung, bei welcher auch die Sauerstofftherapie integriert ist.

Dies zeigt einmal mehr der folgende Bericht als Mut machende Botschaft einer Frau aus der Schweiz. In aussichtslos erscheinender Lage gibt es oft doch noch die Möglichkeit, von Krankheit und Leiden befreit zu werden. Seit ihrer Kindheit ist diese Frau kaum von einem Leiden verschont geblieben. Nicht nur die üblichen Krankheiten suchten das junge Mädchen von einst heim, sondern auch Bronchitis, Lungenentzündungen, Ekzeme und Blattern. Dazu kamen Augen- und Mittelohrentzündung, Magengrippe, Schlafstörungen sowie nächtliche Krämpfe in den Füßen und Beinen. Morgens litt sie an Kopfweh, Krampfhusten und Durchfall. Im Alter von 14 Jahren wurde eine Lungentuberkulose diagnostiziert. 15 Monate musste sie in einem Kindersanatorium zubringen. Im 20. Lebensjahr erlebte sie weitere Schübe dieser schweren Krankheit. Nach einer Australienreise in den späteren Jahren verschlechterte sich ihr Gesundheitszustand noch einmal deutlich. Gichtartige Erscheinungen plagten sie. Dazu kamen Schmerzen im Rücken, ein akuter Lungenstau, Hüftgelenksarthrose und eine fortschreitende Schwerhörigkeit. Schließlich entwickelte sich auch noch ein Katarakt (Trübung der Augenlinse). Mit all diesen Leiden ging sie von Therapeut zu Therapeut. Als sich auch noch starke Verwirrungszustände einstellten hatte sie große Mühe, ein paar Zahlen zu addieren. 1994 stürzte sie unglücklich und brach sich das rechte Handgelenk. Die Schmerzmittel während des elftägigen Spitalaufenthaltes gaben ihr das Gefühl, eine Ruine zu sein. Obwohl sie sonst spindeldürr erschien, waren die Beine dick und prall. So stellten sich tiefe Depressionen ein. In einer neurochirurgischen Klinik bewirkte ein dafür verordnetes Medikament, dass ihr Gesicht allergisch reagierte und stark anschwoll, wobei es sich tiefrot färbte. Sie hatte bereits mit dem Leben abgeschlossen, als sie von der segensreichen spezifischen Ganzheitstherapie im Unterallgäu hörte. Sie begab sich in die Praxis und erlebte eine positive Überraschung nach der anderen.

Mit großem Erstaunen erfuhr sie, dass es Untersuchungs- und Behandlungsmethoden gibt, von denen sie auf ihrem jahrzehntelangen Leidensweg nie etwas gehört hatte. Durch die Ganzheitstherapie erlebte sie erstmals die langersehnten Besserungen in ihrem Gesamtbefinden. Natürlich waren entsprechende Behandlungsserien erforderlich, um wieder fit und aktiv einem neuen Leben entgegen zu gehen. Sie fühlte sich wieder wohl, leistungsfähig mit einer nie gekannten Freude am Leben.

Viele Faktoren tragen zur Stärkung der Organsysteme bei. So auch die von Bienen gesammelten Blütenpollen, die mittels eines speziellen Verfahren zu dem Königinnen-Trank „**Matrizell**" verarbeitet sind. Soweit bekannt, beinhaltet das Präparat die Zellkernsäuren DNS und RNS. Diese benötigen wir für den Zellstoffwechsel vom Zellkern zur Zelle, ohne den es keine geordnete Zellfunktion gäbe. Das Matrizellpräparat welches in Apotheken erhältlich ist, fördert die körperliche und geistige Leistungsfähigkeit.

Entsäuern – Entschlacken

Schon vor vielen Jahren hat der Nobelpreisträger Otto Warburg erkannt, dass bei der Zerstörung der Zellatmung Milchsäure entsteht. Der Abbau von Glykose wird in diesem Fall durch Gärung ersetzt. Die allein schon über diesen Mechanismus anfallende Milchsäure erhöht das gesamte Potential der Übersäuerung im Organismus des Menschen. Wir denken dabei auch an die Harnsäure, Kohlensäure, Magensäure und die aus bestimmten Nahrungsmitteln zugeführte Säuren, welche wiederum eine erhöhte Säuregesamtkonzentration bewirken. Daraus ergibt sich nach Warburg die Tatsache, dass der im Blut befindliche Sauerstoff in den Zellen nicht genügend aufgenommen werden kann. Der ideale pH-Wert von 7,4 im Blut fällt je nach schädigender Konzentration im Organismus in den gesundheitlich belastenden Bereich von 5,5 bis 5. Damit wird die Puffer- und Entsäuerungskapazität der Nieren überansprucht. So verringert sich auch die Ausscheidungsleistung der Nieren. Des Weiteren wird damit der Entstehung von Harngrieß und Nierensteinen Vorschub geleistet. Nach Dr. Schüssler empfiehlt sich im täglichen Wechsel die Einnahme (im Mund zergehen lassen) von Natrium phosphoricum D 6, Natrium sulfuricum D 6 und Natrium bicarbonicum D 6 5x3 Tabletten täglich. Dazu ausreichende Einnahme von Mineralstoffen (naturbelassen). Neben dem Verzehr von viel Gemüse und wenn notwendig nach dem Mittagessen ein Teelöffel Basenpulver in einem halben Liter Glas Wasser trinken (Indikatorpapier).

Schlacken entstehen beim Stoffwechsel als Endprodukte, oder besser gesagt: es sind Stoffwechselrückstände, die aufgrund einer übermäßigen Versäuerung des Organismus auftreten. Wenn die Säurekonzentration im Körper überhand nimmt, werden aus den Knochen und Zähnen, bzw. Kiefer, Mineralstoffe gelöst. Damit neutralisiert der Körper die überschüssigen Säuren. Die Folge ist das Entstehen von Schlacken, die sich wiederum im Körper einlagern. Ordnungsgemäße Funktionsabläufe sind nur möglich, wenn sich das **Säure-Basengewicht im physiologischen Gleichklang** befindet. Man spricht von einem sogenannten **pH-Wert.**

Unter dem pH-Wert verstehen wir den negativen Logarhythmus der Wasserstoffionenaktivität im Blut. Der pH-Wert im Blut sollte **7,35** betragen und stellt ein basisches Milieu dar, Werte darüber sind unphysiologisch. Allerdings benötigt der Körper auch Säuren für seine Funktionsvorgänge. Es gibt Zeiten im Tagesablauf, in denen Stoffwechselvorgänge nur im basischen Milieu optimal sind.

Die Zeit von 15:00 Uhr bis 3:00 Uhr nachts ist für die Stoffwechselvorgänge im basischen Milieu vorgesehen.

Der pH-Wert im Harn sollte in dieser Zeit zwischen 6,8 und 7,4 betragen. Es gibt aber auch Tageszeiten, in denen Stoffwechselvorgänge ablaufen, die nur in säurehaltigem Milieu optimal sind.

In der Zeit von 3:00 Uhr nachts bis 15:00 Uhr nachmittags sollte sich der pH-Wert leicht in den sauren Bereich von etwa 6,5 bis 6,8 verschieben.

Durch die Basen-Säure Regulation werden weitgehend Organfunktionen reguliert.

Wir nehmen nicht nur ständig Säuren aus der Umwelt und Nahrung auf, sondern produzieren im Energiestoffwechsel auch Kohlensäure. Wenn z.B. der Fleischkonsum überhand nimmt und die Nieren weniger als 1,2 Gramm Harnsäure pro Tag ausscheiden, dann versucht der Körper die übrige Harnsäure zu neutralisieren. Dazu löst er die Mineralstoffe aus den Depots (Knochen/Zahn-Kieferbereich). Damit liegt natürlich ein gestörter Knochenstoffwechsel vor, an dem auch die Nebenschilddrüse beteiligt ist. Osteoporose und Zahnverfall sind somit Tür und Tor geöffnet. Lagern sich dann die messerscharfen Harnsäurekristalle in den Muskeln, Gelenken und im Bindegewebe ein, so hat der betreffende Mensch mit einer Palette von rheumatischen Beschwerden zu kämpfen.

Nach Dr. Schüssler löst das Schüsslersalz Silicea D12 (Kieselsäure) die eingelagerten Harnsäurekristalle auf. Das große Entsäuerungs- und Entschlackungsmittel Natrium phosphoricum D6 hält das Substrat in Lösung. Natrium sulfuricum D6 leitet die in Lösung gehaltene Harnsäure aus. Dabei ist es wichtig, die Nieren mit Homöopathika und Nierentee, den man zwischen 17 und 19 Uhr zur Unterstützung trinken sollte, zu stärken.

Gegen 15 Uhr wäre es sehr empfehlenswert einen Teelöffel **Basenpulver** in einem 0,5 l fassenden Glas Wasser aufzulösen und zu trinken. Die zur Entschlackung verwendeten Basenpulver sollten immer ca. **35 % Calciumcarbonat** und ca. **26 % Natriumbicarbonat** enthalten.

Zwischen 19 und 20 Uhr sollte man den Harn mit einem Indikatorpapier auf seinen Säuregrad überprüfen, ob eine Übersäuerung vorliegt oder nicht. Falls sich der pH-Wert zwischen 5,0 und 6,7 befindet, empfiehlt es sich ebenfalls, einen Teelöffel Basenpulver in einem 0,5 l Glas Wasser aufzulösen und zu trinken.

Die Ernährung sollte aus viel Gemüse, Obst und Vollkornprodukten bestehen. Zu beachten ist, dass es eine Reihe von Nahrungsmitteln gibt, die zur Übersäuerung des Organismus führen. Dazu gehören auch Kohlensäure haltige Getränke, tierische, eiweißreiche Produkte wie Käse und Fleisch, Pilze, geschälter Reis, Nüsse, Schokoladenerzeugnisse, weißer Zucker, Weißmehl, Kaffee und vor allem Alkohol. Weißer Zucker macht das Blut zähflüssig, was Durchblutungsstörungen nach sich zieht. Weißmehl räubert Vitamin B aus den Nervenzellen.

Alkohol trägt nicht nur sehr stark zur Übersäuerung des Organismus bei, sondern wird immer zuerst von der Leber abgebaut, so dass andere wichtige Leberfunktionen zurückgestellt werden. Während dieser Zeit bildet die Leber keine Purinsäure-Basensäfte, welche die Harnsäure in Lösung halten sollen, bis sie über die Nieren ausgeschieden werden.

Dagegen sollte in der Ernährung auf die basische Wirkung folgender Produkte geachtet werden: Spinat, Tomaten, Kopfsalat, Endiviensalat, Gurke, Rettich, Kartoffeln, Karotten, Rote Rüben, schwarzer Rettich, Banane, getrocknete Feigen und Sojaerzeugnisse. Grüner Tee, Kräutertee, Leber-Galle Tee, Magen-Darm Tee, Herztee und Nierentee sind basisch.

Um die Gewebssäfte des Körpers in Zirkulation zu halten, benötigt der Mensch ca. 2 bis 3 Liter Wasser pro Tag, damit die **Schlacken** des Körpers ausgeschieden werden können. Zusätzlich ist es kein Nachteil, täglich ein Glas Entwässerungstee zu trinken, allerdings sollte man daran denken, den Kalium- und Magnesiumgehalt im Blut über ein Labor prüfen zu lassen. Bei der Entwässerung des Organismus besteht die Gefahr, dass Kalium und Magnesium aus dem Herzmuskel ausgeschwemmt werden. In diesem Fall empfiehlt sich die tägliche Einnahme von einem Kalium-Magnesium Präparat (Apotheke).

Bei Fastenkuren ist zu bedenken, dass der Organismus ab dem 11. Fastentag Herzeiweiß abbaut. Wer fasten möchte, dem empfiehlt sich an einem Tag in der Woche die Franz-Xaver Mayr-Kur mit Milch und Brötchen durchzuführen. Dazu nimmt man drei Vollkornbrötchen, die drei Tage alt sind, schneidet sie in Scheiben und isst morgens, mittags und abends je ein Brötchen mit einem Glas Milch. Diese **Entschlackungskur** kann man auch an zwei Tagen in der Woche durchführen. Zu Bedenken ist, dass übermäßiger Verlust an Elektrolyten oder Eiweiß zur Verschiebung des pH-Wertes ins saure Milieu führt. Schwitzen, Erbrechen oder Durchfall bewirken eine Verminderung der Wasserkonzentration im Extrazellulärraum (Zwischenzellraum). Ein **Elektrolyttee** (z.B. Oralpädon aus der Apotheke) bei **Wasserverlust** füllt die verlorengegangenen Elektrolyte im Organismus wieder auf.

Ein akuter Eiweißverlust z.B. kann dazu führen, dass eine Substitution mit Blutplasma notwendig ist. Eine Alkalose (übermäßige pH-Wert

Erhöhung) erfordert die Substitution von Ammoniumchlorid. Ein gut funktionierendes Puffersystem im Körper ist von großer Bedeutung, d.h. Konzentrationsänderungen von Säuren und Elektrolyten ziehen Bicarbonatverschiebungen nach sich. Die Puffersysteme des Blutes und der Nieren sollten zur pH-Wert Regulierung so leistungsfähig wie möglich sein, damit ein guter Einfluss auf den Entschlackungsvorgang im Organismus gewährleistet ist.

Bei übermäßiger Reduzierung des pH-Wertes bis in den sauren Bereich spricht man von einer Acidose (Übersäuerung). Für einen ausgeglichenen Elektrolythaushalt benötigt der Körper Anionen wie Bicarbonat, Chlorid, anorganisches Phosphat und Sulfate. Ebenso sind die Kationen wie Natrium, Kalium, Calcium und Magnesium für den Körper lebensnotwendig. Fazit: Mit einem übermäßigen Verlust der Körperflüssigkeit ist immer auch ein Verlust der lebens-notwendigen Elektrolyte verbunden. Aus medizinischer Sicht dürfen wir auch die Lunge nicht übersehen, denn sie nimmt ebenfalls an der Säureregulierung teil. Mit jedem Atemzug scheiden wir in der Umkehrphase der Ausatmung Kohlendioxid aus. Oft kommt es durch totale Übersäuerung zum Herzinfarkt oder Schlaganfall, weil die Erythrozyten durch die Übersäuerung starr und unflexibel werden.

Dies verdeutlicht der folgende Fall eines Mannes mittleren Alters, welcher bereits in Lebensgefahr schwebte und der den Weg in die Praxis für Ganzheitsdiagnostik und -therapie fand.

Bei ihm hatte sich zu Beginn eine Darmgrippe mit Übelkeit und Erbrechen eingestellt. Sehr schnell wurde die Erkenntnis erlangt, dass es sich hier um eine Infektion mit dem Erreger Helicobacter pylori handelte. Im Rahmen der Ganzheitstherapie gelang es, den Säure-Basen-Ausgleich zu schaffen und die Magenprobleme hörten auf, weil sich der Helicobacter pylori im basischen Milieu neutralisiert und keinen Schaden mehr anrichten kann. Der Erreger stirbt ab, wenn im Magen das basische Bismutnitrat vorhanden ist. Im Darm befindliche Bakterien werden mit Heilerdetrunk gebunden und mit dem Stuhl ausgeschieden.

Allerdings können Magenschmerzen, wenn sich keine Ursache findet, auch aus dem Zwölffingerdarm kommen. In diesem Fall bessern sich die Beschwerden wenn etwas gegessen wird, da der geschlossene Magenpförtner keine Salzsäure mehr aus dem Magen in den Zwölffingerdarm (Dünndarmanteil) entlässt. Im Rahmen der allgemeinen toxischen Belastung denke man auch an die Zähne, vor allem wenn sie beherdet sind oder unter Eiter stehen, sind sie für alle Organsysteme in ihrer Auswirkung nicht zu unterschätzen. An den Zähnen laufen oft gravierende Prozesse ab. Nicht nur dass die Entmineralisierung durch die zu neutralisierende Harnsäure die Zähne zerstört, es kommt darüber hinaus auch zu Zahnschmerzen ohne Befund. Unklare Schmerzen können auch durch Irritation der Trigeminuswurzel entstehen. In überkronten Zähnen verschwinden manchmal die Schmerzen, wenn 20 Tropfen Spenglersan Kolloid G in einen Wattebausch getropft zwischen Zahn und Wange gelegt wird. Devitale (nicht lebende) Zähne dürfen sich nicht über längere Zeit im Kiefer befinden. Im Verlauf der Zeit lagern sich Eiweißfäulnisprodukte an, was wiederum den gesamten Organismus belastet. Zahnwurzelbehandelte Zähne sind in gewissem Sinne auch tote Zähne und sollten ebenfalls nur vorübergehend in Kauf genommen werden. Es handelt sich in diesem Fall um Fremdkörper im lebenden Knochengewebe. Bevor sich ein Patient von seinen Zähnen krankmachen lässt, ist es in jedem Fall besser, sich mit einer Vollprothese anzufreunden. Schmerzerscheinungen können auch von einem Gichtanfall ausgelöst werden, wenn zu viel Harnsäure im Zahnkieferbereich eingelagert ist.

Manchmal kommt es auch zu Pyämie, d.h. Überhäufung des Körpers mit Eiterbakterien, was einer eitrigen Blutvergiftung gleichkommt.

Der **Entschlackungsvorgang** kann durch Tees gefördert werden, welche die Organe unterstützen. Nach den chinesischen Richtlinien sind die Organe zu bestimmten Tageszeiten besonders aktiv. Jedoch sollte man direkt nach dem Aufstehen am Morgen einen halben Liter Wasser trinken, damit die Gewebssäfte in Gang gesetzt werden. Danach trinke man ein Glas **Leber-Galle Tee** und ca. 15 min später einen **Magen-Darm Tee**. Gegen Mittag empfiehlt sich ein Glas **Herztee** und zwischen 17 und 19 Uhr ein Glas **Nieren-Blasen Tee**. Zwischendurch wäre es sinnvoll, sofern die Möglichkeit besteht, **Kräutertee, Grünen Tee und Basentee** zu trinken, damit der Körper noch besser entschlacken kann. Im Übrigen muss gesagt werden, dass die meisten Tees basisch sind. Darüber hinaus denke man auch daran, ab und zu **Gemüsesäfte** zu trinken.

Nach dem Mittagessen wäre es sinnvoll, den Harn mit einem Indikatorpapier auf seinen pH-Wert hin zu überprüfen und wenn notwendig einen Teelöffel **Basenpulver** in einem 0,5 l Glas Wasser aufgelöst zu trinken (gutes Mischungsverhältnis!).

Wenn man den sog. Experten Glauben schenken darf, so gibt es gar keine Ansammlung von Schlacken im Körper, weil dieser die Stoffwechselendprodukte, die der Volksmund als Schlacken bezeichnet, sofort ausscheidet. Das mag vielleicht auf vollkommen gesunde Menschen zutreffen, aber wer ist heute schon vollkommen gesund? Wer hat heute schon vollkommen funktionierende Ausscheidungsorgane? Wie oft hat es schon Fälle gegeben, wo sich jemand gesund fühlte und kurze Zeit später sich das Gegenteil herausstellte. Die Krankheiten, die man nicht spürt, sind oft die Gefährlichsten.

So ging es einem Patienten, der vor einigen Jahren in die Praxis für Ganzheitsdiagnostik und –therapie kam. Er fühlte sich gesund, hatte keine wesentlichen Beschwerden und eine Magenoperation vor vielen Jahren überstand er recht gut. Nun wollte er prophylaktisch untersucht werden, um unliebsame Überraschungen zu vermeiden. Seine Labor-Blutwerte, die sein Hausarzt überprüft hatte, zeigten keine besorgniserregenden Werte. Allerdings deutete der Kombinationstest aus dem Harn im Heilpraktikerlabor nach Prof. Dr. Neunhoeffer erhöhte Hydroxylaminwerte. Statt dem maximalen Grenzwert von 0.050 wies der Labortest 0.119 aus. Nach Prof. Dr. Neunhoeffer versteht man unter Hydroxylamin Stickstoff-Stoffwechselprodukte aus Tumorzellen, die bei Krebsaktivitäten im Organismus freigesetzt werden. Solange kein Tumor feststellbar ist, spricht man Allgemein von Präkanzerose (Vorkrebsstadium). Viele kleine Krebsherde im Organismus, die noch nicht zu sehen sind, obwohl man den Patienten dahingehend untersucht, stellen in ihrer Intoxikation bereits eine Gesamtkrebsaktivität dar. Meiner Ansicht nach genügen beispielsweise 30 kleine Tumorherde von je 4 mm Größe im Körper verteilt, um eine Gesamtgiftwirkung der einer Krebszellkugel von 12 cm Durchmesser zu erreichen.

Man bedenke, dass in einem Tumor von 1 mm Durchmesser bereits ca. 1 Million Krebszellen vorhanden sind. Immer öfter hört man von Metastasen im Körper, ohne dass ein Primärtumor gefunden wurde.

Ich denke, dass es sich bei diesen Krebsherden nicht um Metastasen handelt, sondern um eigenständige Primärherde, die im Körper verteilt gewachsen sind. In allen diesen Fällen ist das Immunsystem vollkommen erschöpft. Statt das Immunsystem mit natürlichen Methoden zu stärken, schwächt man es noch mehr mit den Organismus belastenden Therapien.

Bei einem Patienten war der Test aus dem Blut nach Dr. Scheller im Sinne einer Dysoxybiose (Sauerstoffmangel im Blut) stark positiv. In den Erythrozyten (rote Blutkörperchen) waren viele Mikrosomen (Körnchen) zu sehen. Der im Überschichtungsreagenz (Harn) vorhandene Farbring wies ebenfalls auf einen gestörten Zellstoffwechsel hin.

In der BFD zeigte sich eine Vielzahl von Messwerten, die an lebenswichtigen Organsystemen den Hinweis gaben, dass sich der Patient im lebensbedrohlichen Zustand befand. Am Milzmesspunkt zeigten sich beispielsweise nur Werte von 5-6 µA, im Bronchien-Lungenbereich 4-5 µA, an den Gehirnzentralganglien (Nervenpunkte) 4 µA, an den Koronarien (Herzkranzgefäße) 5µA. Herzmuskel, Dünndarm, Leber und Magen hatten Werte von 4-8 µA. Dabei ist zu bedenken, dass der Normwert bei 40-60 µA liegt! Der pH-Wert im Harn befand sich im sauren Bereich. Entgegen der depolarisierten Messwerte an den Organsystemen befand sich der Blutdruck bei 130 zu 78. Die Schilddrüsenaktivität gemäß dem Grundumsatz zeigte 20%, wobei der Normwert ca. 15% beträgt. Also recht passable Werte, die für sich gesehen, keinen Anlass zur Besorgnis gaben. Puls- und Herzfrequenz lagen bei 84, was ebenfalls recht ordentlich war.

Bei der vegetativen Rundummessung hatte sich eine Sympathikuserschöpfung gezeigt. Diese Untersuchung fand am 13.6.1991 statt, und der Patient verstarb am 27.7.1991 im Alter von 71 Jahren. Die Obduktion erbrachte die Erkenntnis, dass Dickdarmkrebs mit Metastasen in Lungen und Leber vorgelegen hatte.

So mancher übertreibt die Eiweißaufnahme über die Nahrung, wobei das Zuviel vom Organismus erst einmal verstoffwechselt werden muss. Es fällt dann nicht nur vermehrt Harnsäure an, sondern auch ein Zuviel an Harnstoff und **Stoffwechselschlacken**. Ein wichtiges Grundnahrungsmittel ist die Kartoffel mit ihrem Gehalt an Magnesium und Kalium. Sie sollte so oft wie möglich gegessen werden, jedoch ist sie neben der Zwiebel das Nahrungsmittel, welches international am meisten bestrahlt wird, um eine längere Haltbarkeit zu erreichen. Um dieser hohen Strahlenbelastung zu entgehen empfiehlt sich der Selbstanbau von Kartoffeln oder der Kauf beim Biobauern bzw. Biogeschäft. So mancher möchte gern abnehmen, wenn das Gewebe durch Wasseransammlungen aufgeschwemmt ist. Nicht immer sind das Herz, Bauchspeicheldrüse und die Nieren allein Schuld. Viel mehr will der Organismus übermäßige Säuren in Lösung halten, ebenso die verschiedensten Toxine, um nach und nach die Ausscheidung herbeiführen zu können. Dazu ist das „Vehikel" Wasser notwendig. Manche Menschen denken, dass sie weniger trinken müssen um schlank zu sein. Aber genau dies ist ein Trugschluss, denn bei ca. 1,5 – 2,5 l Wasseraufnahme pro Tag erhöht sich der Filtrationsdruck auf die Ausscheidungsorgane, speziell der Nieren. So kommen Säuren, Schlacken und Toxine besser aus dem Körper heraus. Weißdornpräparate aus der Apotheke fördern die Herz-leistung, was sich wiederum positiv auf den Kreislauf auswirkt. Erst wenn die Organe eine gute Energieleistung haben, aufgrund derer ihnen alles zur Verfügung steht, was für den Gesamtstoffwechsel notwendig ist, kann man von Gesundheit sprechen. Im umgekehrten Fall kommt es zur Organschädigung und somit zu einer Reihe von Krankheiten, mit denen auch eine verminderte Energieleistung im gesamten Organismus einhergeht. Sind die Ausscheidungsorgane schwach, so entschlackt der Körper, indem er die unverträglichen Stoffe über Haut und Lunge ausscheidet. Manchmal schafft er sich ein Ventil, wie z.B. beim offenen Bein und entledigt sich auf diese Weise der schädigenden Substanzen.

Kleinkinder haben oft unbemerkten **Zinkmangel** und dadurch **Magen-Darm Störungen** mit und ohne Brechdurchfall, aber in der Regel mit schmerzhaften Erscheinungen. Statt sich um den Zinkspiegel im Blut zu kümmern, stempelt man die betroffenen Kinder als „**Schrei-kinder**" ab. Bei allen Mineralstoffen, Spurenelementen und Vitaminen sollte man auf keinen Fall die Aminosäuren (Aminoplus Basic oder „Aminoplus essentiell" aus der Apotheke) vergessen. Sie sind für den Stoffwechsel als Bausteine der Eiweißkörper unbedingt notwendig. So entsteht z.B. aus Methionin und Lysin, die beide Leber- und Nie-renabhängig sind, die Verbindung **L-Carnithin.** L-Carnithin schleust die Triglyceride (Neutralfette) in die Zellen ein, da sie dort zur Ener-giebildung benötigt werden. Eine Erhöhung von Triglyceriden findet sich oft Therapie resistent bei vielen Menschen. Im Körper sind etwa 25 Aminosäuren bekannt.

Auf die Bedeutung der wichtigsten Aminosäuren möchte ich im Fol-genden kurz eingehen.

Ohne Eiweiß (Proteine), welches Grundbestandteil des Protoplasmas (Träger aller Lebenserscheinungen) ist, gäbe es kein Leben.

Das Protoplasma enthält Schwefel und Stickstoff. In gewisser Proteinzusammensetzung sind noch Phosphor und andere Elemente vorhanden. Die Wertigkeit der einzelnen Proteine hängt in der Ernährung von der Aminosäurezusammensetzung ab. Es gibt eine Reihe von Aminosäuren, die der Körper nicht bilden kann. Sie müssen mit der Nahrung aufgenommen werden. Gemüsearten, wie z.B. Erbsen, Bohnen und Vollkornweizen, sind wertvolle Eiweißquellen. Proteine gelten in ihrer Eigenschaft als Gewebsbildner. (Kohlehydrate und Fette sind die hauptsächlichsten Energie liefernden Nahrungsmittel.) Allerdings wird ein Teil der Proteine in stickstofffreie Zwischenverbindungen umgewandelt. So bilden sie eine zusätzliche Energiequelle für den Körper.

Unser Organismus erzeugt verschiedene Energieformen:
Mechanische, thermische, chemische und elektrische Energie. Für die **Tätigkeit aller Zellen ist aber nur die biochemische Energie** geeignet, die nur über die Aufnahme von Kohlehydrate, Fette und Proteine gebildet werden kann.

Beim Fettstoffwechsel wird das Fett aus Blut und Lymphe zunächst im Körper gespeichert. Die Leber bildet körpereigene Depotfette und sättigt die Fettmoleküle (kleinste Teile eines Elementes) mit Wasserstoffatomen ab. Dabei oxidiert (Sauerstoffzufuhr) die Leber Fettsäuren zu Wasser und Kohlendioxid, welches über die Lunge ausgeatmet wird. Mit Fett besitzen wir den größten Speicher an potentieller (leistungsfähiger) Energie.

Nun zu unseren wichtigsten Aminosäuren und ihre Funktionen für den Organismus.

Lysin ist eines der wichtigsten Stoffe bei der Abwehr von Herpesinfektionen.

Glutamin benötigen wir zur Kompensation bei psychischem Stress und es stellt ein wichtiges Substrat der Immunzellen dar. Es verringert das Verlangen nach Alkohol. Die Säure von Glutamin ist ein wichtiger Neurotransmitter im zentralen Nervensystem zur Übertragung der Nervenimpulse an der Synapse (Berührung zweier Nervenzellen). Des Weiteren ist die Glutaminsäure am Lernvorgang und an der Gedächtnisbildung beteiligt.

Glycin ist ein wichtiger Baustein von Acetylcholin (Neurotransmitter) und koordiniert die Motorik im Körper, wobei es bei Spasmen (Krämpfe) zur Entspannung beiträgt.

Cystein ist wichtig für ein gut funktionierendes Immunsystem. Es ist ein Antioxidanz gegen freie Radikale und wirkt gegen vorzeitiges Altern.

Asparaginsäure ist an der Ammoniakentgiftung im Gehirn beteiligt und ist sehr hilfreich bei Erschöpfungszuständen. Im peripheren (außen gelegenen) Nervensystem hat die Asparaginsäure Neurotransmitterfunktion

Argenin ist sehr nützlich gegen Alterungsprozessen und Demenzerkrankungen.

Methyonin wird bei der Synthese (Aufbau) der Myelinscheiden (Nervenumhüllungen) benötigt. (Bei Degeneration der Myelinscheide kommt es z.B. zu Multiple Sklerose!) Ebenso zur Bildung von Adrenalin und Nor-Adrenalin. Es wirkt ebenfalls günstig bei Morbus Parkinson und Depressionen.

Tyrosin-Phenylallanin ist als Vorstufe für die Schilddrüsenhormone sehr wichtig und wirkt ebenfalls gegen Morbus Parkinson und Depressionen.

Tryptophan ist eine Vorstufe von Serotonin und Melatonin. Indikationen dafür sind Schlaflosigkeit, psychische Labilität und Unruhezustände. Tryptophan beeinflusst den Serotoninspiegel, welches wiederum den Schlaf-Wach-Rhythmus reguliert.

Diese Aminosäuren sind in dem Präparat „**Aminoplus** basic" enthalten.

Welche Auswirkungen die Übersäuerung und Verschlackung des Organismus z.B. auch auf die **Wirbelsäule und Rückenmuskulatur** haben kann, zeigt die folgende Ausführung:

Fast jeder Bürger in Deutschland wird regelmäßig von **Rückenschmerzen** geplagt. Herkömmliche Therapien können nur bedingt helfen. Sie setzen meist nicht an der Ursache des Übels an. Eine ganzheitliche Betrachtungsweise ist notwendig, wenn die Beschwerden auf Dauer verschwinden sollen. Stellen sich quälende Rückenschmerzen ein, rückt stets die Wirbelsäule in den Blickpunkt des Interesses.

Kaum jemand denkt dabei auch an die Körpersysteme, wie z.B. Atmung, Verdauung, Blutzirkulation und die Ausscheidungsorgane als mögliche Mitverursacher. Vor allem der gestörte Gewebschemismus in der Rückenmuskulatur wird nicht beachtet. Bei Therapie resistenten Rückenbeschwerden sollte immer in einer ganzheitlichen Untersuchung abgeklärt werden, ob der Bewegungsapparat in seiner Funktion durch Schlacken und Gifte gestört ist.

Sogar **Bandscheibenvorfälle** resultieren häufig aus einer Resorptionsschwäche (Aufnahmeschwäche) des Dickdarms. Wichtige Nährstoffe, die unsere Wirbelsäule und die Gelenke brauchen, sind dann nicht verfügbar.

Allerdings ist zu beachten, dass sich Schmerzen im Rückenbereich in Reflexzonen manifestieren, die wiederum von Organsystemen herrühren.

Oft ziehen vom Rücken kommende Schmerzen über das Gesäß, über die Leiste bis zum Knie oder sogar bis zum Fußgelenk, gekoppelt mit Empfindungsstörungen (Kribbeln, Ameisenlaufen, pelziges Gefühl in Beinen und Armen).

Diese Beschwerden können sowohl von der Lendenwirbelsäule, als auch vom Nackenbereich verursacht sein. Verspannungen im Hals-Schulterbereich können aber auch durch nicht erkannte Angina-Pectoris-Anfälle ausgelöst werden. Auch Wadenkrämpfe werden als vom Herzen fortgeleitete Angina-Pectoris-Anfälle angesehen.

Hier wird man mit Sicherheit keine Lösung der Probleme erwarten dürfen, wenn nicht die grundlegenden Ursachen beseitigt werden. Umso wichtiger ist es, mit kombinierten Untersuchungsmethoden, vor allem mit der BFD (bioelektronische Funktionsdiagnostik), Organsysteme zu erfassen, die mit verminderter Leistung arbeiten. Diese müssen dann wiederum in ihrer Funktion gestärkt werden, um auch den Zellstoffwechsel von Sehnen, Bändern, Muskeln, Blutgefäßen, Nerven, Knochen und Schleimhäuten wieder zu regenerieren.

Manchmal projizieren sich Organe, die gestört sind, in die Reflexzonen am Rücken und verursachen dort Schmerzen. Es kommt zu Verkrampfungen. Die in diesem Bereich befindlichen Nerven werden dann schmerzhaft gequetscht.

Natürlich dürfen wir bei all dem nicht übersehen, dass Bewegungsmangel, Übergewicht, falsche Körperhaltung und das Heben von schweren Lasten eine große Rolle spielen. Nicht selten kommt es auch bei ungleichen Beinlängen zu anhaltenden Beschwerden. Die Beinlängendifferenz kann durch chiropraktische Maßnahmen beeinflusst werden.

Ziel ist es vor allem, eine Regulierung der Durchblutung im Schmerzbereich zu erreichen, damit der Selbstheilungsprozess in Gang kommen kann. Eine entsprechende, individuelle Ganzheitsbehandlung, mit Hauptaugenmerk auf **Entschlackung,** die wichtige, sich ergänzende Methoden der Naturheilkunde in jeder Behandlungssitzung kombiniert ist hier eine unabdingbare Notwendigkeit. Regelmäßige, leichte Sportbetätigung, z.B. Gymnastik, Schwimmen, zügiges Gehen und eine lakto-vegetabile Ernährung mit etwa 2 Liter Wasser pro Tag ist grundlegend. Vollkornprodukte, Gemüse, brauner Rohrzucker (weißer Zucker macht das Blut zähflüssig), ausreichend Schlaf (ca. 8 Stunden) runden das Therapieprogramm ab.

Nicht selten bezeichnen Patienten die auf diese Weise erreichte Verbesserung ihrer massiven Rückenbeschwerden als gerade unglaubliches Ereignis. Wie man sieht:

Niemand braucht zu verzweifeln, denn der ganzheitliche Weg steht jedem offen, der Hoffnungslosigkeit und Resignation überwindet und bereit ist, sich neu zu orientieren, wenn es um seine Gesundheit geht.

Entgiften

Die Umweltbelastung hat in den letzten Jahrzehnten erheblich zugenommen. Dadurch vermehrten sich die **allergischen Erkrankungen**
bei Kindern und Erwachsenen. Ebenso nahmen die chronischen
Krankheiten, sowie die **Krebssterblichkeit** erheblich zu. **Chronische Erkrankungen** entstehen hauptsächlich deswegen, weil die
Aufnahmefähigkeit des Bindegewebes für Toxine herabgesetzt ist.
Ein weiteres Zeichen für die Intoxikation im Körper sind die oftmals
vorhandenen **Wellen auf Zehen- und Fingernägeln**.

Wie wir damit leben oder überleben hängt weitgehend von der
**Funktionsleistung der Organsysteme, speziell der Ausscheidungs-
organe ab.**

Schon in den 80er Jahren wurde festgestellt, dass jährlich
1 Million Tonnen Staub mit einer Vielzahl von Schadstoffen nie-
dergeht. Inzwischen ist anzunehmen, dass noch einiges dazuge-
kommen ist. Vieles Getreide ist mit Toxinen (Gifte), das Fleisch
oft mit Pestiziden, Schwermetallen und chemischen Stoffen kontaminiert.

Der Konsum von Fleisch- und Wurstwaren sollte unbedingt einge-
schränkt werden. Oft befindet sich Nitrit darin. Magensäure und
Bakterien wandeln Nitrit in Nitrosamine um und erzeugen damit
einen der stärksten krebserregenden Stoffe.

Chemotherapeutika sollten nur im Notfall verwendet werden, da
sie hoch toxisch sind. Jährlich sterben in Deutschland ca. 100000
Menschen an den Nebenwirkungen.

Als eines der wichtigsten Ausscheidungsorgane kennen wir neben
den Nieren, den **Darm**. Die allgemeine Giftbelastung zeigt sich nicht
nur in den Muskelzellen der Darmwandung, sondern auch in der
Darmflora. Dort können sich leicht die Darmflora schädigenden
Bakterien ansiedeln, die ihre Gifte über den ganzen Organismus
verteilen. Des Weiteren kommt es, je nach Neigung, zur **Schwäche**

der Darmzotten im Zwölffingerdarm. Dies hat meist **Durchfall** zur Folge, da die Gifte die Muskulatur der Darmzotten lähmen.

Auch die Muskulatur der Darmwandung wird ebenfalls gelähmt, was eine verminderte Darmperistaltik zur Folge hat. Dies bewirkt eine **Verstopfung** (Obstipation).

Die Lähmung der Darmzotten und/oder die Lähmung der Muskulatur der Darmwandung sind ein Hinweis auf einen Mangelzustand an **zweiwertigem Eisen**. Allerdings zeigt sich im Blutbild dieser Mangel leider nicht immer. Hier wird **Ferrum phosphoricum D12** nach Dr. Schüssler benötigt:

(tägl. 5x3 Tabletten im Mund zergehen lassen). Die hohe Verdünnung von 1:1Billion (D12) ist für die Permeabilität (Durchlässigkeit) der kranken Zelle von Bedeutung. Dadurch wird die Zellfunktion wieder hergestellt, so dass die Zelle in der Lage ist, den im Blut befindlichen, konzentrierten Stoff wieder aufnehmen zu können. Zur Stärkung der Darmflora empfiehlt sich die Einnahme von Nystatintabletten (z.B. 100 Stück „Adiclair" – 3x2 Tabletten tägl.), damit die fast immer im Darm vorhandenen Mykosen (Pilze) eliminiert werden können. Der Körper scheidet Nystatin gemeinsam mit den Mykosefragmenten aus.

Als zweiten Schritt bietet sich die Einnahme von Darmflora aufbauenden Mitteln (Apotheke), wie z.B. „Biocult Syxyl" –Tabletten (100 Stück – 3x2 tägl.) und „Colibiogen"-Tropfen 100 ml 1 x 20 Tropfen täglich).

Als dritte Stufe sollten die Symbionten (gesunde Bakterien) implantiert werden (z.B. mit 1-2 Originalpackungen „Mutaflor 100 mg" 1 x 1 Kapsel täglich).

Da bekanntlich der Darmkrebs weltweit zugenommen hat, sollte die Darmflora in ihrer Beschaffenheit das Interesse eines jeden Behandlers finden. Sehr günstig auf die Darmflora wirkt sich unter anderem der Verzehr von Sauerkraut ein bis zweimal in der Woche aus.

Dieser **Darmfloraaufbau** stellt einen wichtigen Schritt in der allgemeinen **Entgiftung** des Organismus dar.

Täglicher Stuhlgang morgens sollte obligatorisch sein.

Mittags Karotten mit Apfel geraspelt, vermischt mit etwas Öl und abends Ananas mit Apfel fördert die Peristaltik (Wurm ähnliche Fortbewegung des Darmes), da die Ballaststoffe die Erregung der Darmrezeptoren stimulieren.

Wie wir wissen werden Entzündungen durch im Blut zirkulierende Gifte hervorgerufen. Den **Nieren** kommt ein besonderer Stellenwert in der Ausscheidung/Entgiftung des Körpers zu.

Neben homöopathischen Nierenpräparaten ist es empfehlenswert zwischen 17:00 Uhr und 19:00 Uhr Nierentee zu trinken. Tägliches Schwitzen bedeutet eine Ausscheidung über die **Haut**. Die Sauna bewirkt ebenfalls **Entgiftung** über die Haut, jedoch ist diese Anwendung mit Vorsicht zu genießen. Bei Herzinsuffizienz (Schwäche) wird das geschwächte Organ Herz durch die zu starke Gefäßerweiterung noch zusätzlich belastet. Das Herz muss nun die erweiterten Gefäße füllen, damit lebenswichtige Zentren noch mit Sauerstoff und Nährstoffen versorgt werden können.

Die **Leber** als wichtiges **Entgiftungsorgan** unterstützt man am besten morgens mit einem Glas Leber-Galle Tee. Zuvor ½ Liter Wasser trinken, um die Gewebssäfte in Gang zu bringen. Dazu täglich ein homöopathisches Leberpräparat. Ebenfalls ein bedeutendes Entgiftungsorgan stellt das **Lymphsystem** dar. Auch hier unterstützen wir die Funktion mit homöopathischen Lymphpräparaten.

Die Chance, aktiv länger zu leben, gibt es nur dann, wenn die aufgenommenen und im Körper entstehenden Gifte, die allein schon für sich krebserregend sind, über naturheilkundliche Therapien zur Ausleitung gebracht werden. Damit unterbrechen wir den „Teufelskreis Toxinüberschwemmung" der im Organismus Krebsherde entstehen lässt. Diese Krebsgifte schwächen die Organe und somit die Abwehr, was weitere Krebsentwicklung begünstigt. Die Lymphe stellt eine etwas leicht trübe Eiweißstoff-haltige Flüssigkeit dar. Sie entsteht im interstitiellen (zwischen den Zellen) Raum und nimmt die Stoffwechselprodukte, sowie

Toxine aus den Zellen auf. Das Lymphsystem entdeckte bereits schon Hypokrates als „weißes Blut führende Gefäße". Aristoteles sprach von einem „Gebilde", welches eine farblose Flüssigkeit enthält. Die Lymphe geriet dann fast 2000 Jahre in Vergessenheit! Erst im 17.Jahrhundert gewann das Lymphgefäßsystem wieder an Bedeutung.

Die Hauptaufgabe des Lymphsystems besteht, neben den schon erwähnten Kriterien, darin, die in den Lymphgefäßknoten gebildeten **Lymphozyten** (Abwehrkörper) über immer größer werdende Gefäße in den venösen Anteil des Blutkreislaufes zu überführen.

Die in den Lymphgefäßen befindlichen Lymphknoten üben eine wichtige **Filterfunktion für körperfremde Stoffe** aus. Wichtige Lymphorgane sind neben den Lymphknoten die Milz, die Thymusdrüse, die Mandeln und die kleinen Lymphknötchen. Im Dünndarm bezeichnet man die Lymphknötchen als Peyer-Plaques, die dort in diesem Bereich einen wesentlichen Teil des Immunsystems darstellen.

Die **Entgiftungsfunktion** des Lymphsystems ist sehr von der Zirkulation der Lymphflüssigkeit abhängig.

Eine die Lymphzirkulation anregende Übung stellt das Rumpfbeugen dar. Je nach körperlicher Verfassung sollte jeder seinen eigenen Rhythmus beim Ein- und Ausatmen finden. Dazu praktiziere man die Bauchatmung, indem beim Einatmen der Bauch vorgewölbt und beim Ausatmen eingezogen wird.

Akupressur empfiehlt sich ebenfalls täglich als sanfte Maßnahme für die Lymphzirkulation in den Hoden bei Männern und desgleichen bei Frauen mit der Brust. Es gibt wohl kaum eine bessere **Hoden- und Brustkrebsvorsorge** als diese Maßnahme. Die tägliche Druckanzahl richtet sich nach der Anzahl der Lebensjahre. Wenn die Lymphzirkulation in Hoden und Brust gefördert wird, kann sich darin so schnell kein Krebs entwickeln.

Wie wir wissen, filtern die Lymphknoten die Toxine (Gifte) und werden oft bösartig. Die Neuerkrankungen an Brustkrebs, die jährlich bei ca. 50 000 liegen, sprechen eine deutliche Sprache.

Patienten mit **Asthma bronchiale** sollten jeden Tag Sauerkraut in ihren Speiseplan mit einbeziehen. Dazu täglich dreimal 20 Tropfen Antitox zur Unterstützung der Abwehrfunktion einnehmen.

Wie Giftstoffe die Gesundheit untergraben können, zeigt die folgende Ausführung über Immunvorgänge. Ein immunbiologischer Mikroskoptest bringt es immer wieder an den Tag.

1910 arbeitete Dr. med. Spengler in Davos (Schweiz) an der Erforschung von Ursachen für akute und chronische Infektionen im Lymph- und Lungenbereich. Er stellte fest, dass sich Infektionserreger (Streptococcen, Staphylococcen, Pneumococcen etc.) über Tröpfcheninfektion im Baby- bzw. Kleinkindalter oder auch später aufgenommen werden. Die körpereigene Abwehr greift an und die Erreger flüchten sich ins Lymphsystem, wo sie sich ein Leben lang aufhalten und mittels ihrer Toxine unzählige Krankheiten bewirken. Dr. med. Spengler entwickelte Kolloide zur Einreibung in die Haut mit hoch potenzierten Infektionserregern und den dazugehörigen Antikörpern, ähnlich einer aktiven (Erreger) und passiven (Antikörper) Immunisierung. Die passive Immunisierung stellt einen sofortigen Abwehrschutz dar, und die aktive Form regt den Organismus an, Antikörper gegen die Erreger zu bilden. Gibt man einen Tropfen des entsprechenden Spenglersan auf einen Objektträger und dazu einen Tropfen arterielles Blut aus dem Ohrläppchen, so kommt es zur Agglutination (Verklumpung), wenn sich der gleiche Erreger im Lymphsystem befindet. So kann die Belastung mit den verschiedenen Erregern unter Zuhilfenahme eines Mikroskopes festgestellt werden. Die Einreibung mit dem richtigen Spenglersan eliminiert die Erreger im Lymphsystem. Die so unschädlich gemachten Erreger und ihre Zerfallsgifte werden über Lymphe und Blut ausgeschieden. Zur Entgiftung über die Leber und zur Ausleitung über die Nieren bieten sich die Präparate Entoxin-Set G (Globuli) und Entoxin-Set-Tropfen an. Die wichtigsten Spenglersan-Kolloide sind A, K, R und Om. Sie können auch prophylaktisch (vorbeugend) eingesetzt werden, indem jedes Spenglersan-Kolloid je einmal wöchentlich 5 Tropfen (oder 5 Sprühstöße) in die Ellenbogen oder um den Nabel herum eingerieben wird. Die genannten Präparate sind in Apotheken erhältlich.

Die Naturheilkunde hat ihre Erfahrungen über viele tausende Jahre gewonnen, während die heutige wissenschaftliche Medizin erst seit ca. 200 Jahren besteht. Es wäre wünschenswert, wenn sie ihre Kenntnisse und Fähigkeiten nicht überschätzen würde.

Wenn starke Giftbelastungen im Organismus wichtige Zellfunktionen blockieren, schaltet nach einer gewissen Zeit der Sauerstoffwechsel auf Gärungsstoffwechsel um und einer weiteren Erhöhung der gesamten Giftbelastung ist Tür und Tor geöffnet. Abwehrspezifische Antikörper werden auch in Organen wie z.B. der Milz gebildet. Sind die Organe geschwächt, so können die Antikörper ihre Wirkung nicht entfalten. Lebenswichtige Organe wie Leber, Herz und Nieren reagieren erfahrungsgemäß am empfindlichsten auf die Gesamtgiftlage im Organismus. Hierin ist die Hauptursache für die allgemeine Müdigkeit und Erschöpfung zu sehen, wobei meist eine nicht erkannte Herzinsuffizienz (Schwäche) beteiligt ist.

Im August 1998 kam eine Frau zur Untersuchung in die Praxis, da sie sich insgesamt müde und schlapp fühlte. Die Untersuchungsergebnisse waren alles andere als gut und die Frau verstarb nach fünf Tagen an Multiorganversagen. An den Organsystemen lag laut BFD Messung eine erschreckende Degeneration vor. Die vegetative Rundummessung zeigte eine fortgeschrittene Sympathicuserschöpfung. Die Frau hatte zuvor alle möglichen Therapien durchlaufen. Schwerwiegende gesundheitliche Schwächen hatte man bei ihr mit den herkömmlichen Methoden nicht feststellen können. Nicht selten ist es aber so, dass sich verschiedene Patienten bei Bewegung besser fühlen, jedoch in Ruhe die verstärkte Vaguswirkung und Herzschwäche sowie Müdigkeit deutlich spüren.

Zur allgemeinen **Entgiftung** des **Organismus** trägt auch die nicht so sehr bekannte Schröpfmassage bei. In der Durchführung wird zunächst eine durchblutungsfördernde Salbe auf den Rücken des Patienten auftragen. Dazu massiert man etwas Massageöl ein und setzt das Schröpfglas (Apotheke, mit ca. 3-4 cm Glasöffnung) mit dem Gummiball in der Mitte des Nackenbereichs an. Durch Zusammendrücken und Loslassen des Gummiballs wird die Haut in das Glas hineingezogen. Nun fährt man mit dem Schröpfglas im Zickzack vom Haaransatz des Kopfes über die Wirbelsäule bis zum Gesäß. Danach wird das Schröpfglas wieder im Nacken beginnend, von der Mitte nach Außen geführt. So geht es Bahn an Bahn weiter bis zum Gesäßbereich. Ebenso verfährt man auf der anderen Körperhälfte. Mit der Schröpfmassage wird die Haut kontinuierlich angehoben, sodass die Adhäsionen (Hautverklebungen) gelöst werden. Dadurch kommt die Blut- und Lymphzirkulation im gesamten Rückenbereich in Gang. Mittels dieser Methode wird nicht nur die allgemeine **Entgiftung** angeregt, sondern auch gleichzeitig über die Reflexzonen am Rücken, Heilreize an die dazu gehörigen Organe gesetzt. So manche schmerzhafte Verspannung im Rückenbereich war nach einigen Wiederholungen gelindert oder sogar verschwunden.

Kehren wir mit unseren Gedanken immer wieder zur Basis bzw. zur Zelle zurück. Solange die Zelle noch einigermaßen funktionsfähig ist, besteht die Möglichkeit der Regenerierung. Schon vor langer Zeit stellten kluge Köpfe fest, dass der Mensch ca. 120 Jahre alt werden kann, weil sich die Zellen bis zu diesem Alter teilen können. So ist selbst im hohen Alter mit der richtigen Therapie und günstiger Erbanlage Regenerierung der Organsysteme möglich.

Ein etwa 75 jähriger Patient erlebte die segensreiche Wirkung der **Entgiftung** durch die kombinierte Ganzheitstherapie. Bis zum 75. Geburtstag im Jahr 1991 ging es diesem Patienten recht gut. In einem Alter also, wo viele Menschen aufgrund ihrer Erkrankungen resignieren und sich folglich oft mit dem Ableben befassen. Dass mit dieser Einstellung anregende Lebensjahre irrtümlich verschenkt werden, zeigt der Erfolg bei diesem älteren Herrn.

Wie er berichtete, war ihm eines Tages nach dem Aufwachen am Morgen recht eigentümlich zu Mute, denn er bemerkte, dass seine Fingerkuppen völlig taub und gefühllos waren. Von diesem Tag an schlich sich eine unerklärliche bleierne Müdigkeit ein. Selbst beim Wandern, was sonst einen angenehmen Schwung bewirkte, war ihm als ob die ganze Energie aus dem Körper herausgezogen würde. Die Beine machten einfach nicht mehr mit. Eine offenen Stelle, die an der Wirbelsäule vorhanden war, begann immer öfter zu Pochen und zu Schmerzen. „Sieht so das Ende aus?", fragte er sich wiederholt, wobei sich eine seltsame Traurigkeit einstellte. Sein größter Wunsch war es doch, das Jahr 2000 zu erleben. Was würde sich wohl alles in der Welt verändern, in Technik, Elektronik, Wissenschaft und Medizin? Diese Gedanken wurden periodisch durch das schmerzende Handgelenk unterbrochen, sodass zunächst ein Arzt aufgesucht wurde. Dieser diagnostizierte ein sog. Karpaltunnelsyndrom mit schmerzhaftem Ziehen im Unterarm. Therapeutische Stromstöße, die von der Schulter bis zum Arm geschickt wurden, verstärkten noch das Taubheitsgefühl auf unangenehme Weise. Nun fingen auch noch der Kopf, Magen, Kreislauf, Darm und die Nerven an, Beschwerden zu machen. Ein allgemeiner Bericht in einer Illustrierten brachte den Hinweis, dass es vielleicht an der Halswirbelsäule liegen könnte. Auf dem Weg zum Chiropraktiker entdeckte er die Naturheilpraxis für Ganzheitsdiagnostik und -therapie. Die umfangreiche Untersuchung mit Methoden der Naturheilkunde brachte die tieferen Ursachen zu Tage.

Mehrere lebenswichtige Organe arbeiteten mit stark verminderter Leistung. Im immunbiologischen Test zeigten sich Infektionserreger nach Dr. med. Spengler. Über ein Labor wurden Präkanzeroseerscheinungen festgestellt. Die Präkanzerosewerte zeigten das

Übermaß der toxischen Belastung im Sinne einer Überflutung des Körpers mit Giftstoffen. Nun war klar, dass die offene Stelle an der Wirbelsäule ein sich entwickelnder Krebsprozess darstellte. Mit gezielten ganzheitstherapeutischen Maßnahmen gelang es, die Organsysteme im Laufe der Zeit zu stärken und zu **entgiften**, indem die Giftausscheidung über die Ausscheidungsorgane, angeregt wurde.

Obwohl das Blut bei diesem Patienten schwarz aussah, zeigten die Sauerstofftests Normalwerte. Die Erkenntnis war, dass die Gesamtgiftlage, speziell die Krebszellgifte, das Blut schwärzten. Mit zunehmender Verbesserung der Organ- und Nervenfunktionen besserte sich mit der Zeit auch die Gesamtdurchblutung. Die Nerven regulierten die Gefäße in der Enger- und Weiterstellung. Hier zeigt sich einmal mehr, wie segensreich im Rahmen der Ganzheitstherapie die Neuraltherapie nach Dr. Hunecke ist, die in keiner Praxis fehlen sollte, vor allem nicht in der Praxis eines Nervenarztes. Die Taubheitsgefühle besserten sich und alle Beschwerden an den Fingern, der Hand und den Beinen. Nachdem die offene Stelle von einem Hautarzt wiederholt genäht wurde, hat sie sich endlich nicht mehr geöffnet, und es zeigte sich nur noch eine kleine Narbe. Wie man sieht, ist es dem Körper gelungen, die Gifte auf natürlichem Wege auszuscheiden, sodass sich dieses Ventil überflüssig gemacht hat. Endlich konnte der Patient wieder Wandern gehen, ohne die bleierne Müdigkeit und Beschwerden in den Beinen zu spüren. Ein neues Gefühl des Wohlbefindens durchflutete von nun an diesen leidgeprüften Menschen. Sechs Jahre später spürte er noch immer die positive Wirkung der segensreichen Behandlungen. Für den weiteren Verlauf gab es für ihn nur noch eine gesunde biologische Lebensführung mit der richtigen Ernährung, um die Organe fit zu halten, damit die anfallenden Toxine über die in ihrer Funktion verbesserten Organsysteme ausgeschieden werden. Die Kombination der wichtigen vier Säulen, kurmäßige Einnahme von Naturheilpräparaten, bewusste seelischgeistige Lebensführung, biologische Lebensweise und die Palette der ganzheitlichen medizinischen Behandlung in der Praxis brachten den durchschlagenden Erfolg.

Biologische Lebensführung trägt im besonderen Maße zur **Entgiftung** des Organismus bei. Ideal ist es, am Morgen zwischen 6 und 7 Uhr aufzustehen. Direkt nach dem Aufstehen sollte man einen halben Liter Wasser oder einen halben Liter gekochter Gemüsebrühe trinken. Zutaten für die Gemüsebrühe, die am Vortag ca. eine halbe Stunde lang mit biologischen Zutaten leicht gekocht werden sollte, sind kleingeschnittene Kartoffeln mit Schale, Karotten, Rote Beete, Selleriewurzeln, Zwiebeln, eine geschälte Knoblauchzehe. Morgens trinke man einen halben Liter dieser leicht angewärmten Gemüsebrühe, in die man je einen Eßlöffel Weizenkleie, geschroteten Leinsamen und Weizenkeime gibt. Nach dem Trinken fünf bis zehn Minuten in Bauchlage ausruhen. Morgensport: bei offenem Fenster ca. 20 Minuten Gymnastikübungen oder eine andere Sportart. Danach Wechseldusche, 3 mal warm und kalt, damit das Vegetativum trainiert wird. Die günstigste Zeit der Darmentleerung liegt zwischen 5 und 7 Uhr. Im Anschluss daran empfiehlt sich die Einnahme der homöopathischen Medikamente. Das Frühstück sollte aus Frischkornbrei mit Obst bestehen, dazu ein bis zwei Scheiben Vollkornbrot mit Butter, Wurst oder Käse. Ansonsten sollte man morgens wenig Kohlenhydrate zu sich nehmen. Darüber hinaus empfiehlt sich Kernobst, Steinobst und Beerenobst. Als Getränk zum Frühstück empfiehlt sich Leber-Galle, Magen-Darm-Tee und mittags ein bis zwei Tassen Herz-Kreislauf Tee, zwischendurch kann man Kräutertee, Basischen Tee bzw. Grünen Tee trinken. Beim Grünen Tee den Beutel nur zwei Minuten ziehen lassen.

Gegen den 11Uhr-Leistungsabfall am Vormittag empfiehlt sich Kernobst, Orangen oder Milch. Vor dem Mittagessen Einnahme der homöopathischen Präparate, wie Tropfen bzw. diejenigen Präparate, die als Arzneimittelträger Milchzucker enthalten. Nach dem Essen die Dragees und Kapseln. Das Mittagessen besteht entweder aus kohlehydrathaltigen und neutralen Nahrungsmitteln, oder Eiweiß-kost mit neutralen Nahrungsmitteln kombiniert (Gemüse). Nach Möglichkeit sollte man Nahrung, die Kohlenhydrate enthält, nicht mit eiweißhaltiger Nahrung kombinieren (Trennkost). Medikamente zum Abendessen wie mittags einnehmen und weder Eiweiß noch Fett, sondern Kohlenhydrate wie im z.B. Haferflockenbrei zu sich nehmen. Der Haferflockenbrei besteht aus einem halben Liter Wasser und fünf bis acht Esslöffeln Vollkornhaferflocken, die aufgekocht werden, ziehen lassen und dann essen, dazu Rohkost je nach Jahreszeit. Die Kohlehydrate bestehen aus Stärke und Naturzucker, enthalten in Vollkorngetreide, Mehl, Brot, Nudeln, Naturreis, Kartoffeln, Grün-kohl und Schwarzwurzeln. Naturzucker befindet sich überwiegend in Bienenhonig, Datteln, Feigen, unraffiniertem Zucker und Rüben-sirup. Weißer Zucker hat ca. 97% Konzentration, macht das Blut zähflüssig, begünstigt so Durchblutungsstörungen und ist deshalb zu meiden. Der braune Rohrzucker hat ca. 18% Konzentration und wird in den Zellen gebraucht, bzw. aufgenommen. Zu den **neutralen Nahrungsmitteln** gehören u.a. pflanzliche Öle und Fette, Eigelb, Oli-ven, Gemüse, Blattsalate, Karotten, Rote Rüben, Zwiebeln, Lauch, Blumenkohl, Spargel, Sellerie, Kohlrabi, Wirsing, Rotkohl, Weißkraut, Kürbis, Gurken, Bohnen, Erbsen, Rosenkohl, Tomaten, Paprikascho-ten, Heidelbeeren, Nüsse (außer Erdnüsse), Gartenkräuter, Muskat, Curry etc. **Eiweißhaltige Nahrungsmittel** sind Fleisch (auch Wild), Fisch, alle Milch- und Käseprodukte, Eier, Sojamehl. Zur Bereicherung des Abendessens sind Bananen, Feigen und Datteln empfehlenswert. Der Verzehr von Fleisch sollte stark reduziert werden, da sich in einem Gramm ca. 90 bis 110 Millionen Fäulnisbazillen befinden. Eier enthalten pro Gramm etwa 220 Millionen Fäulnisbazillen, die uns schädigen.

Bei **Gichtanfälligkeit** ist Vorsicht mit Innereien, Hülsenfrüchten, Spargel und natürlich Fleisch geboten. Darüber hinaus ist der Verzehr von Weißmehlprodukten, poliertem Reis, Erdnüssen, weißem Zucker, Marmelade, Mayonaisen, Suppen und Soßen von Fleisch, schwarzer Tee, Kaffee, Kakao, Ingwer, Pfeffer, Senf, Essig (außer Obstessig), Schweinefleisch und die daraus hergestellte Wurst und rohes Eiweiß nicht empfehlenswert.

Der folgende Bericht schildert einen beeindruckenden Leidensweg mit nicht alltäglichem Verlauf. Mit 35 Jahren fühlte sich der Betroffene noch relativ gut. Ein Jahr später wandelte sich das Wohlbefinden von einem Tag zum anderen ins Gegenteil, indem sich ein Arm in seinem Umfang verdoppelte. Dazu wurde die unerklärliche Müdigkeit, welche bereits schon früher ab und zu in Erscheinung getreten war, zur Dauererscheinung. Die Handgelenke schwollen beidseitig an und schmerzten in unerträglicher Weise. Das Seitenfenster des PKW's herunterzukurbeln war nahezu unmöglich. Die schmerzhaften Schwellungen traten periodisch alle drei Wochen auf. Dazu kamen starke Knieschmerzen, sodass es nahezu unmöglich war, ohne Handlauf vom Erdgeschoss in den 1. Stock zu gelangen. Die Schulmedizin sprach von Amputation des Arms und der Versteifung beider Kniegelenke. Heute wechselt man die Kniegelenke aus statt einmal auf Entgiftung zu setzen und die Präkanzeroseteste nach Prof. Dr. Neunhoeffer, Dr. Gutschmidt und Dr. Scheller durchzuführen. Eine menschenverachtende Operation, ausgenommen bei Unfällen und anderen äußeren Einwirkungen, bei denen das Knie geschädigt wird.

Chronische Schmerzzustände dagegen müssen rechtzeitig mittels der gezielten Ganzheitstherapie beseitigt werden.

Die Präkanzeroseteste waren, wie sich später zeigte, stark positiv, genauer gesagt lief das Krebsgeschehen laut Labor auf Hochtouren. Die Anhäufung der Krebszellgifte im Körper war zu dieser Zeit so groß, dass die Lymphstränge in den Leisten gestaut waren. Die Folge war, dass der Lymphstau bis zum Knie die Schmerzen verursachte. Ein sogenannter Rheumatest war negativ, jedoch erwies sich der Harnsäurewert als stark erhöht. Ein Arzt in Augsburg übergab dem Betroffenen mit einem mitleidigen Blick die Bibel mit den Worten, dass er in Pension gehe und nicht helfen könne. Dieses Erlebnis ermutigte den Betroffenen, sein Schicksal selbst in die Hand zu nehmen. Drei Tage lang erfolgte die Einnahme von sieben verschiedenen Schüssler-Zellfunktionsmitteln alle fünf Minuten im Wechsel. Dies brachte den Arm nach und nach zum Abschwellen, wobei an Schlaf während der drei Tage kaum zu denken war. In der darauf folgenden Zeit wurde alles unternommen, um den Körper nach und nach zu **Entgiften,** sodass die Knieschmerzen ebenfalls zunehmend weniger wurden und die Beweglichkeit zunahm. Es kamen verschiedene Behandlungsmethoden zum Einsatz. Je mehr die multikybernetische (Regelkreise betreffende) Gesamtheilwirkung produziert wurde, ging es gesundheitlich bergauf. Erst nach zehn Jahren erhielt man Kenntnis von den Präkanzerosetesten, die selbst nach dieser Zeit trotz der bisher getroffenen abwehrstärkenden Maßnahmen sich noch als positiv erwiesen. Umso schlimmer müssen die Werte wohl zu Beginn ausgesehen haben. Allein die **Organstärkung**, das **Entschlacken** und **Entgiften** haben eine Entwicklung ins Siechtum und ein Leben als Behinderter oder auch ein vorzeitiges Ende verhindert. Millionen Menschen könnten gerettet werden, wenn diese, von Schulmedizinern entwickelten, Teste von Krankenkassen akzeptiert würden. Die Betroffenen hätten dann die Möglichkeit, ebenfalls ihr Schicksal in die eigenen Hände zu nehmen und den destruktiven Entwicklungen Einhalt zu gebieten.

Zur **Entgiftung**, bzw. Heilfasten des Körpers gehören auch **kurze Fastenkuren.** Längere Fastenkuren sind besonders für Berufstätige nicht geeignet.

Fettsucht und Übergewicht bedrohen einen großen Teil der Menschheit.

Die Folge der Fettsucht sind in der Regel Herzerkrankungen, sowie Diabetes, Blutdruckerhöhung, Nierenerkrankungen, Leber-Galle-Leiden, Arterienverkalkung, Thrombosen und auch Gelenkschäden.

Rohkost und vegetarische Kost sind die stärksten Waffen in der **Bindegewebsentgiftung.**

Wenn ein Mensch erkrankt, verliert er die Lust am Essen, verliert den Appetit. Er zwingt sich dann zum Essen und widersetzt sich somit der Natur. Diese Verhaltensweise führt dazu, dass der Heilungsprozess massiv verzögert wird. Allerdings ist zu beachten, dass keinerlei Nahrungsaufnahme auch nicht günstig ist.

Von den physikalischen Maßnahmen sind neben allen Wasseranwendungen, die **Überwärmungsbäder** mit nachfolgender Abkühlung zu empfehlen.

Abgesehen von Infektionen sind alle akuten Erkrankungen die Folge von Ansammlungen unverträglicher Abfallstoffe im Körper.

Statt Leber-Galle-Tee, sowie Magen-Darm-Tee trinke man 4 Wochen lang jeden Morgen 2 Tassen **Blutreinigungstee** und isst etwas Obst dazu. Mittags und abends kann wieder normal, nach Trennkostvorgaben, gegessen werden. Mit dem Blutreinigungstee kann an ein bis zwei Tagen der Woche statt der Mittag- und Abendmahlzeit die Franz-Xaver Mayr-Kur kombiniert werden.

Inhaltsstoffe im Blutreinigungstee beeinflussen die Aufbau- und Abbauvorgänge im Organismus. Durch die Normalisierung und Anregung der Ausscheidungen des Körpers und auch durch die Anregung von Drüsenabsonderungen werden die Grundfunktionen des Körpers wieder hergestellt.

Blutreinigung ist im gewissen Sinne nichts anderes als die Entlastung des Bindegewebes von blockierenden Giften, damit die normalen Stoffwechselfunktionen wieder hergestellt werden.

Befreit sich der Mensch von den körperlichen **Giften** und **Schlacken**, so befreit er sich auch von seelisch-geistigen Giften.

Die Verdauung ist ein großer Energie verbrauchender Prozess und stellt den größten Kräfteverbrauch des Organismus dar. Das bedeutet : weniger Leistung auf anderer Ebene, da die Stoffwechsel- und Abwehrvorgänge abgebremst werden.

Das tägliche Glas Gemüsesaft am Abend trägt zusätzlich zu einem guten Stuhlgang am nächsten Morgen bei.

Durch das Fasten entsteht eine Übersäuerung des Körpers, was mittags die Einnahme von Basenpulver in einem halben Glas Wasser erforderlich macht.

Dabei ist es wichtig, über den Tag verteilt, 2-3 Liter Wasser und abends 1 Glas Gemüsesaft zu trinken.

Die Menschheit ist heute mehr denn je toxischen Belastungen ausgesetzt. **Akute Erkrankungen** entwickeln sich meist aus einer starken Erhöhung der Giftlage im Körper, wobei Erregergifte aus Infektionen eine besondere Rolle spielen. Wie wir wissen, entstehen Entzündungen durch im Blut zirkulierende **Toxine**. Die Symptome der akuten Erkrankungen sind sehr vielfältig und können oft nur durch eine tiefgreifende Ganzheitstherapie gelindert oder zum Verschwinden gebracht werden. Es gibt aber auch eine Reihe von **akuten Erkrankungen, die in ihrer Symptomatik mit wenig Einflussnahme erfolgreich behandelbar sind.**

Manche Rückenschmerzen, die auf Verspannungen beruhen sprechen auf Schröpfmassage gut an. 2 bis 3 Liter Flüssigkeitszufuhr täglich, verbunden mit dem Basisch halten des Blutes (Basenpulver) unterstützen die heilende Wirkung.

Die richtige Diagnose, auch bei akuten Erkrankungen, sollte immer von einem medizinischen Fachmann gestellt werden, um mögliche Folgeschäden zu verhindern.

Blasenentzündungen (Cystitis) können durch eine Erkältung, sowie durch Erreger, die über die Harnröhre in die Blase gelangt sind, verursacht werden. Die Blasenentzündung ist in der Regel mit einem starken Harndrang verbunden. Beim Wasserlassen zeigt sich oft ein schmerzhaftes Brennen in der Harnröhre. Aus der entzündeten Blasenschleimhaut, tritt manchmal Blut aus, was dem Harn die leicht rote Farbe gibt. Frauen sind mehr gefährdet als Männer, da ihre Harnröhre nur 5cm lang ist. Die Harnröhre des Mannes hat die Länge von ca. 25 cm.

Wichtig ist es, den Unterleib warm zu halten. Eine Wärmeflasche auf den Unterbauch gelegt, lindert die Beschwerden meist. Um die Erreger auszuspülen, eignen sich Nieren-Blasen-Tee, Brennnesselblättertee, Bärentraubenblättertee, Goldrutenpräparate (Tropfen), sowie „Orthosiphonis"-Tropfen (Apotheke). Dazu wird anfangs alle 15 Minuten Ferrum phosphoricum D12 und Natrium phosphoricum D6 im Wechsel eingenommen. Wenn die Zungenfarbe von rot auf weiß wechselt, vor allem wenn weißer Schleim im Harn abgeht, nehme man statt Ferrum phos. D12, Kalium chloratum D6. Der Arzt wird in der Regel Silbernitratlösung einbringen und bei krampfartigen Schmerzen Buscopan injiziieren.

Nierenbeckenentzündungen (Pyelitis), bzw. Nierenbecken- Nierenparenchymentzündung (Pyelonephritis) betrifft meist beide Nieren im akuten Anfall, wobei oft eine eitrige Infektion mitbeteiligt ist. Die Erreger können über den Lymph- und Blutweg oder auch von der Harnblase aus aufsteigend in die Nieren gelangen. Diese Erkrankung wird auch begünstigt durch Nierensteine und die Neigung zur Anfälligkeit in diesem Bereich.

Liegen **Nierensteine** vor, bringt manchmal ein Berberispräparat (Globuli in Tiefpotenz) Erfolg. Ebenso Galium aparine-Injektion. Die Beschwerden äußern sich in verschiedenen Symptomen wie Fieber, Übelkeit, Bauchbeschwerden, Beschwerden beim Wasserlassen und Rückenschmerzen. Der Harnbefund gibt den Hinweis auf eine bakterielle Infektion. Der Arzt wird versuchen, mit Antibiotika einer chronischen Pyelonephritis vorzubeugen. Lagern sich Schlackenstoffe in den Nieren ein, so kann es zum Bluthochdruck kommen, wodurch das Herz belastet wird.

Bettruhe und eine strenge Diät mit Einschränkung von Eiweiß und Kochsalz, kombiniert nach Möglichkeit mit Hunger- und Dursttagen zu Schonung der Nieren, ist bei der Pyelonephritis empfehlenswert.

Im Gegensatz dazu ist es bei Nierenbeckenentzündung (BFD-Messung nach Dr. Voll) angebracht, 2,5 Liter Wasser am Tag zu trinken. Der Wechsel von alkalischer und saurer Kost trägt zur besseren Überwindung der Erkrankung bei. Als Tee empfiehlt sich auch hier Bärentraubenblätter, Liebstöckel, Goldrute. Oral eingenommen oder als Injektionen sind Lycopodium D6, Cantharis D6, Belladonna D6 und Bryonia D6, sowie Trinkampullen (Kinder) einzunehmen.

Nach Dr. Schüssler kommen Ferrum phos. D12, Kalium phos. D6, Kalium sulf. D6, Natrium sulf. D6 und Natrium phos. D6 (akut) alle 5 Minuten im Wechsel zum Einsatz.

Bei Koliken empfiehlt sich der heiße Blitz: 10 Tabletten Magnesium phos. D6 in einem Viertel Glas heißen Wassers auflösen und löffelweise einnehmen.

Allergien haben in den letzten Jahren durch die allgemeine Umweltbelastung zugenommen. Der Körper antwortet mit einer Überreaktion des Abwehrsystems auf verschiedene Stoffe, vor allem auf Fremdeiweiße. Es besteht bei Allergien eine übermäßige Anhäufung von Giftstoffen im Körper. Mit Leber, Nieren- und Lymphpräparaten in homöopathischer Form werden die Ausscheidungsorgane in ihrer Entgiftungsfunktion unterstützt. Die Nahrungsmittelallergien haben besonders zugenommen. So können Überempfindlichkeitsreaktionen, wie Hautausschläge, Heuschnupfen, Bindehautentzündung, etc. nach dem Verzehr von Erdbeeren, Tomaten, Eier, Nüsse, Milch und Gurken, usw. auftreten. Das Hauptmittel der Biochemie nach Dr. Schüssler zur Ausscheidung sind Natrium sulf. D6 und Kalium phos. D6.

Im akuten Fall alle 5 Minuten je 1 Tablette im Wechsel lutschen. Bei Besserung der Symptome verlängert sich der Zeitabstand zwischen den Tabletten auf 15 Minuten, 30 Minuten, 45 Minuten und 60 Minuten. Antiallergisch wirken Antihistaminika auf Juckreiz, allerdings mit ermüdender Wirkung auf den Gesamtorganismus. Bevor Cortison eingesetzt wird, sollte man es vorher mit Glandula suprarenalis D6 als Injektion oder als Trinkampulle (Kinder) versuchen. Die beste Behandlung beginnt allerdings immer in der Vermeidung der Allergie auslösenden Stoffe.

Kopfschmerzen, bzw. Migräne erfasst immer mehr Menschen aller Altersstufen. Dieses Symptom wird meist durch Organbelastungen oder durch toxische Reize auf den Vagusnerv (10. Gehirnnerv) ausgelöst, der die Gefäße erweitert, die so an verschiedene Nerven drücken. Dies hat zur Folge, dass durch die erweiterten Blutgefäße nicht mehr genügend Sauerstoff und Nährstoffe an die Nerven hingelangen. Dieses kann Schmerzen auslösen.

Ist der Sympathicusnerv übersteuert, und verkrampft die Blutgefäße, so kommt es dadurch zu Versorgungsstörungen von Sauerstoff und Nährstoffen in dem betroffenen Gebiet. Eine mangelnde Durchblutung (Blutleere) löst wiederum Kopfschmerzen aus.

Sehr hilfreich ist die Wechseldusche am Morgen, viel Bewegung an der frischen Luft, warme Fußbäder mit kaltem Kniequss und Wadenwickel.

Homöopathisch empfiehlt sich die Einnahme von Aconitum D3-D6, Belladonna D3-D6 und Gelsemium D3-D6 (Luftelektrizitätsmittel). Nach Dr. Schüssler empfiehlt sich Ferrum phos. D6, Kalium phos. D6, Natrium sulf. D6 und Magnesium phos.D6 (auch als heißer Blitz).

Die **Migräne,** auch als Hemikranie bezeichnet, tritt als halbseitiger Kopfschmerz auf.

Auslöser sind Wettereinflüsse, psychische Belastung, Rauchen, Alkoholgenuss, Schokolade, Kaffee (Triggersubstanzen). Auch hier ähnlich wie beim allgemeinen Kopfschmerz erst Verengung der Gefäße durch Sympathicusreizung (plötzliche positive oder negative Erregung, Luftelektrizitätsänderung, Stress) und danach Erweiterung der Gefäße durch Vagusaktivität. Blutplasma tritt aus den Gefäßen in die Kopfschleimhäute. Diese schwellen an und drücken auf die Nerven, was dann Kopfschmerz, bzw. Migräne mit verursacht.

Die Polarität (elektr. Spannungsverhältnis) des Körpers (eine Körperhälfte +, die andere – gepolt) könnte Einfluss auf die Neigung zur Anfälligkeit für die Migräne auf der rechten oder linken Kopfhälfte haben.

Biologische Lebensführung, wie im Buch „W. Rietig: Endlich wieder Gesund!" ist anzuraten.

Ein Patient mittleren Alters, im Norddeutschen Raum lebend, hatte eine Vielzahl hartnäckiger Gesundheitsprobleme. Nach einer harmlosen Gallenoperation fing alles an. Die Abwehrkräfte verfielen zusehends und immer neue Leiden stellten sich ein. In dieser Situation fand der Patient den Weg in die Praxis für Ganzheitsdiagnostik und -therapie im Allgäu. Zunächst zeigten sich immer wieder Grippe artige Symptome, in deren Folge sich eine Herzmuskelentzündung mit beunruhigenden Herzrhythmusstörungen einstellte. Statt nach den Ursachen zu forschen wurden die Symptome mit Chemotherapeutika über viele Jahre unterdrückt. Wen wundert es, dass sich ein Leberschaden einstellte. Der damit verbundene Klinikaufenthalt tat ein Übriges dazu. Bei jedem Arztbesuch hieß es, dass die Abwehr sehr geschwächt sei. Geistig total erschöpft, schlapp und müde schleppte er sich durch den Tag. Eine nie gekannte Lebensunlust, Depressionen und eine zunehmende Sehschwäche gesellten sich zu den schon vorhandenen Beschwerden. Irgendwann, als sich Gelenkprobleme unangenehm bemerkbar machten, erfuhr er noch von einer Niereninsuffizienz. Ein verordneter Kuraufenthalt brachte keine nennenswerte Besserung.

Eine Kur mag sich wohl auf das Vegetativum beruhigend auswirken, jedoch keine Organstärkung bewirken. Eine gründliche Untersuchung in der Naturheilpraxis, kombiniert mit den Präkanzerosetesten (Labor) und 22 Blutuntersuchungen (Labor) brachten die tieferen Ursachen zu Tage.

Zink und Magnesium werden im herkömmlichen Bluttest kaum kontrolliert, da die Krankenkassen diese Untersuchungen meist nicht bezahlen. Dabei ist es bekannt, dass Zink ca. 200 und Magnesium ca. 300 Stoffwechselvorgänge katalysiert. Wie viele Menschen haben schon allein vorzeitig an den Folgen von Zink- und Magnesiummangel sterben müssen!

Mittels der Ganzheitstherapie, mit Hauptaugenmerk auf **Organstärkung, Entschlacken und Entgiften,** gelang es mit einer Serie von Ganzheitsbehandlungen, diesem leidgeprüften Menschen zu neuer Lebensfreude und Wohlbefinden zu verhelfen.

Erstaunlich war auch, dass ihm dunkle Haare, statt graue, nachwuchsen.

Eine bessere Gedächtnisleistung versetzte seine Umwelt in Erstaunen.

Nach dem Gesetz der Serie kann immer wieder beobachtet werden, dass bestimmte Erkrankungen landesweit dominieren. Manchmal handelt es sich um **Ohrenschmerzen**, Husten, Halsschmerzen oder auch Nasen-Nebenhöhlenentzündungen. Der HNO-Arzt hat jedes mal Hochkonjunktur, wenn die entsprechende Epidemie (infektiöse Volkskrankheit) grassiert. Akute **Ohrenschmerzen** entstehen im Kindes- und Erwachsenenalter in der Regel durch Infektionen mit Bakterien. Diese gelangen meist über die Nasen-Nebenhöhlen, welche oft entzündet sind, auf dem Blutweg ins Mittelohr. Dort kommt es dann zu Entzündungen mit Schleimhautschwellungen und Schmerzen. Die Eustachische Röhre als Verbindung vom Nasen-Rachenraum zum Mittelohr ist oft entzündet und rundet das schmerzhafte Erscheinungsbild mit ihrem Katarrh ab. Wie schon erwähnt sollte jeder Infektionsverdacht durch den autorisierten medizinischen Fachmann abgeklärt und entsprechend erfasst werden. Zur Unterstützung wird der kundige Therapeut zu Beginn Ferrum phosphoricum D12 und Kalium phosphoricum D6 in der bekannten Dosierung einsetzen. Wechselt der Zungenbelag in die weiße Farbe, so kommt Kalium chloratum D6 (zweite Entzündungsstufe) zur Anwendung. Bei vorhandenen Eiterprozessen denke man auch an Silicea D12 (Kieselsäure), Natrium phosphoricum D6 und den „heißen Blitz" (10 Tabletten Magnesium phosphoricum D6 in heißem Wasser aufgelöst).

Des Weiteren empfehlen sich temperaturansteigende Fußbäder, eine Ableitung über den Darm mit Abführtee, sowie Pflanzenkost zur Entgiftung.
Andere Ursachen für Ohrenschmerzen können auch von Organen ausgehen. Über die Fernstörwirkung der erkrankten Organe zeigen sich Schmerzen im Ohr.
Zum Beispiel Erkrankungen im Zahn-Kieferbereich, Mandelentzündungen und/oder Kehlkopferkrankungen können sich als Ohrenschmerzen zeigen.
Zur Schmerzlinderung gibt es verschiedene homöopathische Präparate (Apotheke).

Akute Halsschmerzen können durch Erkrankung der Gaumenmandeln (Angina) entstehen. Bei den Verursachern handelt es sich meist mehr um Streptokokken als um Staphylokokken. Oftmals spielt eine Virusinfektion mit hinein, wobei auch Fieber und Schwellungen der Lymphknoten am Hals mit Druckschmerz auftreten können.
Feuchte, kühle Halswickel (evtl. mit Zwiebeln), Bettruhe und Halspastillen, sowie homöopathische Schmerzmittel lindern etwas den beidseitigen Halsschmerz, der auch in die Ohren ausstrahlen kann.
Der Arzt wird bei hohem Fieber zu Penicillin greifen und einen Blut-Harnstatus veranlassen, wobei auch die Nieren ihre Beachtung finden.
Wenn Gurgeln Erleichterung verschafft, denke man auch an Salbeitee/Salviathymol und/oder Kamillentee.

Nach Dr. Schüssler empfehlen sich Ferrum phos. D12 und Kalium chlor. D6 im Wechsel alle 5 Minuten 1 Tablette.

Etwas weniger Nahrungsaufnahme mit verdünnten Fruchtsäften wäre anzuraten. Zu beachten dabei ist, dass das basische Milieu zwischen 15:00 Uhr und 3:00 Uhr durch Basenpulver oder Gemüsesäfte in die Norm gebracht werden sollte.

1 Teelöffel Basenpulver in einem halben Liter Wasser aufgelöst, fördert zusätzlich die Entgiftung.

Verstopfung wird immer mehr zum Problem.

Bei Verstopfung sollte der Stuhl mit Faulbaumrindentee, bzw. Rizinusöl abgeführt werden, dazu nach Dr. Röder, die Mandeln absaugen oder ausmassieren.

Der Husten in seinen unterschiedlichsten Erscheinungsformen hat schon manchem erheblich zu schaffen gemacht. Hustenanfälle können plötzlich und ohne Vorwarnung auftreten. Zeigt sich der Husten mit häufigen Stößen, so ist es den Betroffenen zwischendurch kaum möglich, normal zu atmen.

Der trockene, harte Husten verlangt nach Belladonna D6 und Natrium muriaticum D6 oder Kalium jodatum D6.

Nach Dr. Schüssler verlangt der trockene Husten ohne Auswurf nach Ferrum phos. D6 und Natrium muriaticum D6.

Jedoch bei zähem Auswurf Kalium chloratum D6, Kalium sulf. D6 und im Wechsel mit diesen Zellfunktionsmittel Calcium phos. D6.

Auswurf mit Eiter verlangt Natrium phos. D6, Natrium sulf. D6 und Silicea D6.

Blutiger Auswurf deutet auf Calcium sulf. D6, Kalium phos D6, und Calcium fluoratum D6 hin.

Bei Krampfhusten geben wir Magnesium phos. D6.

Manchmal verschlimmert sich der Husten nachts (Mittel: Drosera). Andersmal zeigt er sich am Morgen und am Abend (Mittel: Baryum carbonicum).

Der kurze, trockene Husten mit Brustbeklemmung dagegen benötigt Camphora.

Der Hustenreiz mit Ansammlung von zähem Schleim in den Atemwegen deutet auf Bryonia hin.

Ist der Hustenreiz wie von einem trockenen Fleck vom Hals ausgehend, so wird Stannum jodatum benötigt.

Hat der Patient das Gefühl, dass der Hustenreiz von einem Kitzeln im Kehlkopf ausgeht, so ist manchmal Aconitum sehr hilfreich. Ein Hustenschmerz mit Heiserkeit, Trockenheit- und Wundheitsgefühl deutet auf Causticum Hahnemanni hin.

Sehr unangenehm zeigt sich das Hüsteln mit dem kurzen, trockenen Husten bei Brustbeklemmung, was wiederum auf Camphora hindeutet (Anwendungsvorschriften beachten).

Der Husten kann aber auch der Herausbeförderung von, in die Luftröhre gelangten, Fremdkörpern aus den tieferen Atemwegen dienen.

Bei Hustenreiz handelt es sich meist um Reizung der Atemwege durch Entzündungen.

Bei jedem Husten sollte die Ursache erforscht werden, um gezielt dagegen therapieren zu können.

Handelt es sich um einen Husten, der durch Herz-Kreislaufstörungen als sog. Stauungshusten in Erscheinung tritt, so muss das Herz gekräftigt werden.

Hustenmittel können nur eine unterstützende Maßnahme in einer, den ganzen Körper erfassenden, Behandlung sein.

Bei all diesen Erscheinungen sollte man nicht vergessen, den Körper, wie oben beschrieben, zu **entschlacken** und die **allgemeine Entgiftung** als wichtige Maßnahme in den Behandlungsplan zu integrieren.

Den Körper zu entgiften gelingt am besten, wenn die Ausscheidungsorgane in ihrer Schwäche erkannt und in ihrer Funktion gestärkt werden. Dabei denken wir an die **Leber** als wichtigstes Entgiftungsorgan, die **Nieren** mit ihrer Filtration und Ausscheidungsleistung, die **Lunge**, über welche Toxine abgeatmet werden, den **Darm** in seiner täglichen Ausscheidung von allem, was der Körper nicht mehr benötigt, sowie von den so sehr belastenden Gasansammlungen im Darm. Mit diesen Gasen scheidet der Körper ebenfalls Gifte aus. Soweit bekannt sind 25 Winde am Tag, die den Körper verlassen als „normal" anzusehen.

Über die **Haut** werden durch Schwitzen ebenfalls Toxine ausgeschieden. Tägliche Einnahme von Mineralstoffen („Neukönigsförder Mineraltabletten" – Apotheke) und Vitaminkomplexe, wie z.B. Vitamin B12, B6 mit Folsäure und Vitamin C, ist zu integrieren.

Einem Patienten mittleren Alters, der von rätselhaften, schweren, chronischen Leiden geplagt war, konnte mit einer Serie von Ganzheitsbehandlungen geholfen werden, wobei besonders die Ausscheidungsorgane in ihrer Entgiftungsleistung gestärkt wurden.

Sein Leidensweg fing mit ganz simplen Oberbauchbeschwerden an. Die Diagnose lautete „Magenausgangverengung". Doch die brennenden Schmerzen, welche ständig zunahmen, traten nicht am Magenausgang auf, sondern im Bereich des aufsteigenden Dickdarms.

Ebenso die Zahl, der mit Nebenwirkungen behafteten Medikamenten, die ihm verordnet wurden, stieg immer mehr an. Da war es nicht verwunderlich, dass die Leber, der Magen und sogar die Bauchspeicheldrüse in Mitleidenschaft gezogen wurden. Helfen konnten ihm diese Mittel nicht!

Der Patient wurde immer lustloser, seine Konzentration ließ nach und ein belastendes Müdigkeitsgefühl, ausgelöst durch die Herz/Leber- und Giftbelastung, nahm ständig zu. Zu allem Überfluss stellten sich noch Angstgefühle, Depressionen, Ein- und Durchschlafstörungen ein. Als dann zu den Darmschmerzen noch Krämpfe und Gelenkschmerzen hinzukamen, zweifelte er an dem Sinn seines Lebens. Ihm wurde mehr und mehr bewusst, dass die Schulmedizin zwar im Notfall ihre

Berechtigung hat (z.B. durch Cortison oder durch Operationen), doch in der Erkennung und Behandlung chronischer Erkrankungen kaum Erfolge hat. Eines Nachts wachte er mit heftigen Atemproblemen auf. In der darauffolgenden Zeit wurde es damit immer schlimmer. Doch laut EKG (Elektrocardiogramm), mit dem die Aktionsströme des Herzens aufgezeichnet werden, war sein Herz in Ordnung.

Nur wird hier leicht übersehen, dass mit dem EKG die Herzleistung, bzw. die Herzkraft, nicht erfasst werden kann. Denn warum sterben immer wieder Patienten mit einem guten EKG wenig später an Herzversagen?!

Dem Patienten wurde gesagt, dass er organisch gesund sei und sich das wohl alles nur einbilden würde! Kann man sich aber diesen Leidensweg mit all seinen Erscheinungen einbilden?

Inzwischen zeigte sich ein Gewichtsverlust von ca. 20 Kg!

Als dann noch Prostatabeschwerden, Rückenschmerzen, Kopfweh und Schwindelanfälle dazukamen, hat es ihm gereicht!

Seelisches und körperliches Ende!

In dieser Phase des gesundheitlichen Niederganges erfuhr der Patient von der segensreichen Ganzheitstherapie. Über eine gründliche Untersuchung, mittels BFD-Messung nach Dr. Voll, klinischen Untersuchungen, umfangreichen Harnstatus, Mikroskopuntersuchungen auf Infektionserreger im Lymphsystem, Sauerstoffmessung des PO_2-Drucks arteriell und venös, zeigte sich das ganze Ausmaß seiner Belastungen.

Dazu wurden Harn und Blut in ein Speziallabor geschickt, wo mit einer umfangreichen Blutuntersuchung und Präkanzeroseteste nach Prof. Dr. Neunhoeffer, Dr. Scheller und Dr. Gutschmidt auf den Grund seiner Beschwerden gegangen wurde. So kristallisierten sich die tieferen, organischen Ursachen für seine Leiden heraus. Nun konnte gezielt auf die Hintergründe seiner Belastungen mit der Ganzheitstherapie Einfluss genommen werden. Denn vor einer erfolgreichen Therapie steht immer die Notwendigkeit der richtigen Diagnose!

Mit einem exakten Medikamentenplan und Beratung über eine Änderung der körperlichen und seelischen Lebensführung, ging es den Beschwerden an den Kragen. Durch die richtige biologische Lebensführung und vor allem eine Serie von **verschiedenen, kombinierten Naturheilmethoden**, die alle ihre eigene, spezifische Wirkung haben, ging es ständig bergauf.

Hier zeigte sich wieder einmal mehr , dass man älter und gesünder werden kann, wenn in jeder Behandlungssitzung die multikybernetische (Regelkreise betreffend) Gesamtheilwirkung erzielt wird.

Ohne die Kombination der **vier Eckpfeiler, biologische Lebensführung – Einnahme von homöopathischen Mitteln – positive Lebensführung – Behandlung in der Praxis**, ist die Erfolgsaussicht begrenzt.

Dabei war das von diesem Patienten praktizierte „**Ölziehen**" eine zusätzliche Unterstützung zur **Entgiftung** des Körpers.

Ein Esslöffel Speiseöl am Morgen in den Mund genommen, hin und her gesogen und ausgespuckt, bewirkt eine Entgiftung über die Schleimhäute.

Im Rahmen der biologischen Lebensführung und Einflussnahme auf die Organsysteme eines jeden Menschen verdient die **Wohnumgebung** höchste Aufmerksamkeit. Wenn es gelingt, die **Giftbelastung in den Wohnräumen zu reduzieren**, so reduziert sich auch die Giftbelastung im Körper, da er weniger dieser Giftstoffe aufnimmt. Die wirkungsvollste Methode die Raumgiftbelastung zu reduzieren, stellt das mehrmalige, tägliche Lüften dar. Die Außentüren und die Fenster kurzzeitig ganz öffnen und nach ca. 5 bis 10 Minuten wieder schließen. Soweit mir bekannt ist, konzentrieren sich in einem Wohnzimmer ca. 100 verschiedene Schadstoffe!

Elektrische Felder in jedem Zimmer, welche von Lichtleitungen und Steckdosen ausgehen und ebenfalls belasten, sind schon lange kein Geheimnis mehr. Diese Belastung kann verhindert werden, wenn, besonders für das Schlafzimmer, eine **Netzfreischaltung** an den Sicherungen installiert wird. Der Abstand zum Fernseher sollte 2 bis 3 Meter betragen, da manchmal statt 5,0 Vm bis zu 70 Vm vorhanden sein können. Die Wohnraumbelastung kann sich auch je nach Abwehrlage des menschlichen Körpers, in der Entstehung von Allergien äußern.

Allergien zeigen sich in unterschiedlichen Krankheitsbildern, wie Heuschnupfen, Nesselsucht, Entzündungen, Bronchialasthma, Hautekzeme oder Neurodermitis.

Mit der steigenden Umweltbelastung nehmen auch die Nahrungsmittelallergien zu. Schimmelpilz belastete Nahrungsmittel, behandeltes Obst und Gemüse, toxisch belastete Wurst- und Fleischprodukte, etc. Der Hausstaub (Feinstaub) ist in der Regel mit toxischen Substanzen angereichert. Dabei dürfen Teppiche, Möbel, Spanplatten (Formaldehyd), Matratzen, Textilien und Lacke nicht übersehen werden. Schmuck, wie Nickelringe, Armbänder, Halsketten und Ohrringe sind starke Allergene, da sie Allergie auslösende Metallionen an die Haut abgeben.

Kleinkinder sind besonders betroffen. Sie leiden zusätzlich oft noch an **Durchfall**, wenn Gifte die Muskulatur der Darmzotten lähmen.

In diesem Fall bietet sich Ferrum phos. D6 an. Im Akutfall alle 5 Minuten ½ Tablette im Mund zergehen lassen (bei Erwachsenen 1 Tablette), zur Stärkung der Muskulatur der Darmzotten.

Alle im Haushalt verwendeten Putzmittel, Pflegemittel, sowie Kosmetika stehen ebenfalls im Verdacht, mit Allergie auslösenden Stoffen kontaminiert zu sein. So manche **Kopfschmerzen** oder **Atemwegsbeschwerden** sind oft die Folge der allgemeinen Wohnraumbelastungen.

Es ist unverantwortlich, in geschlossenen Wohnräumen zu Rauchen! 1 Zigarette enthält ca. 600 verschiedene Gifte, davon sind ca. 40 Gifte als Krebs auslösend bekannt.

Krebs

Krebserkrankungen zeigen sich allgemein in unterschiedlicher Form. Zum Beispiel gibt es immer wieder Fälle, in denen ein Patient an Krebs erkrankt ist, jedoch, mit oder ohne ärztliche Therapie, damit ein hohes Alter erreicht.

Andere Krebspatienten hingegen sterben an ihrer Krankheit schnell und/oder qualvoll.

Der Grund liegt darin, dass manche Menschen von Haus aus robuster sind und stärkere Organe haben als andere, deren Organsysteme schwächer und anfälliger sind.

Diese schwachen Organe sind der Gesamtgiftbelastung dann nicht gewachsen.

Je größer sich Tumore entwickeln, umso stärker wird die Gesamtgiftbelastung im Körper.

1 Millimeter Tumor besitzt bereits ca. 1 Million Krebszellen! Bis ein Tumor zu dieser Größe gewachsen ist, sind etwa 10 bis 12 Jahre schon vergangen! In dieser Phase ist der Krebs auf herkömmlichen Weg noch nicht feststellbar.

Umso wichtiger ist die oben geschilderte **Früherkennung**.

Nach Schrödter wird nach Eindringen eines Virus in die bereits geschwächte Zelle dessen DNS von der RNS der noch normalen Zelle abgelesen. Damit wird die Zelle umprogrammiert und präkanzerös verändert. Sie gehorcht dann nicht mehr dem für den Körper geltenden Programm, sondern dem Programm, welches für die Vermehrung von Viren und Bakterien gilt. Primär schwächt die Giftlage die Abwehr und blockiert die Zellatmung.

Unter allen Betrachtungsweisen erkennt man immer wieder die Notwendigkeit der **Abwehrsteigerung** und vor allem der **Entgiftung** des Organismus.

Leider dringen Gifte nicht nur von außen in den Körper ein, sondern werden auch im Körper selbst gebildet. Sie fallen im Stoffwechsel an und überschwemmen den Organismus als krebserregende Tumorzellgifte. Die Gesamtgiftlage wird dadurch noch weiter erhöht.

Das Krebsleiden in seinem Verlauf hängt hauptsächlich davon ab, wie früh das Geschehen erkannt wird. Je früher der Kampf gegen die Krebsentwicklung beginnt, umso höher ist die Aussicht auf Erfolg. Ohne die erforderliche Behandlung sind die Aussichten auf den Sieg über den Krebs nicht besonders gut.

Vor allem ohne eine verbesserte Abwehr ist die Ausbreitung von Krebszellen kaum zu verhindern, denn eine gute Abwehr ist notwendig, damit das Eindringen von Krebszellen in umliegende Gewebe nicht erfolgen kann. Dass ein Aufhalten des Krebsgeschehens aber möglich ist, beweisen die vielen Krebspatienten, die weder Zeit noch Einsatz gescheut haben und durch eine allumfassende **Ganzheitstherapie** und **Entgiftung** überlebt haben.

Eine Operation ohne vorherige **Organ- und Abwehrstärkung** betrachte ich als einen bedenklichen Kunstfehler, ebenso die Chemotherapie und Bestrahlung, die meiner Ansicht nach, den Krebs nur umschichtet. Die Gifte und Zerfallsprodukte verstärken zusätzlich die Neuentstehung von Krebsherden. Meiner Meinung nach, schwächen die Chemotherapie, die Bestrahlung und Zytostatika die Abwehr und schädigen sogar noch gesunde Zellen!

Der Angriff mit Zytostatika sollte eigentlich nur auf die Tumorzelle erfolgen. Leider ist dies nicht der Fall, denn es werden eben auch gesunde Zellen geschädigt. Durch die zytostatische Behandlung und Bestrahlung wird Gewebe zerstört und die Organe einer großen Belastung ausgesetzt. Um so wichtiger ist es, die Organe, besonders die Ausscheidungsorgane, auf Naturheilbasis zu stärken und den Körper so zu **entgiften**.

Naturheilkundliche Ganzheitsbehandlung stellt zu den Maßnahmen der Schulmedizin eine sinnvolle Einflussnahme dar.

Immer wieder entdeckt man unzählige Krebsherde im Körper verteilt, ohne einen größeren Tumor zu erkennen. Nach meiner Ansicht handelt es sich hier nicht um Metastasen, wie oft behauptet wird, sondern um eigenständige Krebsherde, die aufgrund der übermäßigen Gesamtgiftlage des Organismus entstanden sind.

Die übermäßige Anhäufung von Toxinen im Körper führt nach Dr. Seeger zur Lähmung bzw. Blockierung der Oxydasefermente (Enzyme) in der Zellmembran. Dies allein bewirkt schon eine Reihe von Störungen bzw. Symptome im Organismus, die wir dann Krankheiten nennen. Die Zellen bekommen kaum noch Sauerstoff und Nährstoffe. Darüber hinaus werden die im Zellstoffwechsel anfallenden Gifte und Schlacken nicht genügend aus dem Körper ausgeschieden. Dies hat zur Folge, dass die Zellen nach einer gewissen Zeit vom Sauerstoff- zum Gärungsstoffwechsel umschalten. Somit beginnt die unkontrollierte Vermehrung und Wucherung. Die Gesamtgiftkonzentration im Körper steigt weiter an und die nächstschwächeren Zellen gehen in die gleiche Entwicklungsphase.

Je mehr die Giftkonzentration im Körper steigt, umso mehr werden die Organsysteme, vor allem die Ausscheidungsorgane in ihrer Leistung geschwächt.

Dies wiederum bewirkt eine Schwächung der körpereigenen Abwehr, wodurch der gesamten Krebsentwicklung Vorschub geleistet wird.

Der Teufelskreis ist voll im Gange und die weitere Krebsentwicklung nimmt überhand!

Um diesen Teufelskreis zu durchbrechen, ist eine allumfassende **Organstärkung, Entgiftung** sowie **Entschlackung** erforderlich.

Leistungsfähigere Organe bedingen eine Verbesserung des Immunsystems. Die Vermehrung qualitativ besserer, im Körper gebildeter, Antikörper bewirkt eine **effektivere Gesamtabwehrleistung,** die sich dann mit der Krebsentwicklung besser auseinandersetzen kann.

Die Auflösung von Tumorzellen erhöht zwar wiederum die Gesamtintoxikation im Körper, welche aber durch die, in ihrer Leistung **verbesserten Ausscheidungsorgane,** reduziert wird.

Der vorhandene Teufelskreis wandelt sich in einen **positiven Regelkreis** um, wenn die Organe und die Abwehr in ihrer Leistung gestärkt werden.

Leistungsfähigere Organe bedingen eine bessere Abwehr und somit eine stärkere Tumorzellauflösung. Die in ihrer Funktion verbesserten Ausscheidungsorgane reduzieren wiederum die Giftlage im Körper.

Unabhängig davon, durch welche Faktoren die Krebsentstehung begünstigt wird, ist es immer die damit verbundene Giftbelastung, welche den Ausschlag für das Krebsgeschehen gibt. Kaum ein Krebsleiden hat nicht schon im Vorfeld geschädigte und geschwächte Organsysteme als Wegbereiter zur Mitursache.

Krebs wird nicht vererbt, wohl aber die Neigung dazu. Es gibt über 1000 Substanzen, die eine Krebsentwicklung begünstigen.

Meist ist der Krebs je nach Neigung zur Schwäche und einschlägiger Belastung in bestimmten Bereichen des Körpers lokalisiert. Besonders anfällige Zentren des Organismus dafür sind die Lippen, Zunge, Mandeln, Kehlkopf, Magen, Speiseröhre, Darm, Gallenblase sowie Hormonorgane.

Nach Prof. Dr. Neunhoeffer ist eine Normalisierung des gesamten Zellstoffwechsels eine echte Lebenschance für den Krebskranken. Logischerweise gäbe es kaum Krebs, wenn alle Organsysteme gesund und leistungsfähig wären.

Prof. Dr. Neunhoeffer ist der Meinung, dass ein Geschwulst von mehr als 5mm Durchmesser ohne äußere Hilfe irreversibel (unheilbar) ist und zum Tode führt. Besteht ein Geschwulst von etwas über 5mm, so sind bereits zwei drittel des gesamten Krebsgeschehens abgelaufen. Allerdings kann der Organismus mit Hilfe der körpereigenen Abwehrkräfte in diesem Stadium das Krebsgeschehen manchmal noch überwinden. Mehrere Krebsherde in dieser Größe stellen natürlich eine entsprechende toxische Belastung dar. Ein histologischer Befund aus dem Blutserum sollte auf jeden Fall erhoben werden und gilt als gesicherter Beweis.

Grundsätzlich sollten **vier Präkanzeroseteste** durchgeführt werden, wenn über das Ausmaß der Vorgänge eine Aussage gemacht werden soll. Die vier Präkanzeroseteste können auch als Verlaufskontrolle bei bereits vorhandenem Krebsgeschehen herangezogen werden.

Nach **Prof. Dr. Neunhoeffer** ist die im Labor durchgeführte Bestimmung der organischen **Hydroxylaminverbindungen** ein deutlicher Hinweis auf ein vorhandenes Krebsgeschehen.
Der **Harnkombitest** umfasst neben der Hydroxylaminbestimmung auch den **Rhodanasetest**. Dieser ist gleichzeitig bei einem positiven Ergebnis immer auch ein Verdachtshinweis auf versteckte Eiterprozesse in Körperhöhlen, die als Fokalherde den Körper entsprechend belasten.
Die **Carzinochromreaktion** nach **Dr. J. Gutschmidt** ist ein weiterer Präkanzerosetest aus dem Harn. Er umfasst die Anfangsphase des Krebsgeschehens. (Dabei muss auf Vitaminpräparate, Kopfschmerztabletten und rote Nahrungsmittel wie Rote Bete, Tomaten, etc. für drei Tage vor dem Test verzichtet werden.) Als vierten wichtigen Präkanzerosetest wird der **Dr. Scheller Test** aus dem Blut in die Laboruntersuchung integriert.

Eine 49-jährige Patientin hatte einen Tumor an der Bifurkation, dort wo die Beinvenen in die untere Hohlvene im Bauchraum münden. Starnberger Ärzte glaubten an eine Überlebenszeit von etwa einem halben Jahr. Die Bestrahlungstherapie erfolgte schließlich in einer entfernt gelegenen Klinik durch einen Radiologen.
Anstatt die Patientin einmal pro Woche zu bestrahlen und sie zweimal pro Woche naturheilkundlich zu behandeln, wurde die Frau mehrmals in der Woche bestrahlt und hatte keine Ganzheitsbehandlung in der Naturheilpraxis. Durch dieses Vorgehen, das durch einen zusätzlichen Nierenstent noch forciert wurde, hatte sie keine Chance und verstarb 2 Monate später.

Die Giftbelastung durch die Bestrahlung war für die ohnehin durch das Krebsgeschehen schon geschwächten Organe zu stark.

Das Krebsgeschehen hatte sich in seinem ganzen Ausmaß bereits vor der Strahlungstherapie deutlich in den Labor-Präkanzerosetests nach Prof. Dr. Neunhoeffer, Dr. Gutschmidt und Dr. Scheller gezeigt. [10]

Beim **Schellertest** handelt es sich um eine mikroskopische Blutuntersuchung, speziell der Erythrozyten, im Dunkelfeldausstrichverfahren. Die verschiedenen Möglichkeiten in den Veränderungen der Erythrozyten können in den Schellertestabbildungen zur Kenntnis genommen werden. (Rietig, W. „Endlich wieder Gesund!")

Zu Beginn einer Präkanzerose zeigt sich in der Regel die sogenannte **Dysoxybiose**, als Zeichen für eine mangelhafte Sauerstoffausnützung und Zellatmungsstörung im ersten Stadium.

Das zweite Stadium der Präkanzerose (Vorkrebsstadium) zeigt sich in der Form von **Kügelchen in den Erythrozyten.** Die Körnchen in den Erythrozyten, auch Mikrosomen genannt, sind die ersten Hinweise auf ein beginnendes Krebsgeschehen. Danach entwickeln sich die kleinen Kügelchen. Sie haben die Größe von einem Mikron. Ein Mikron ist der tausendste Teil eines Millimeters.

Viren z.B. besitzen eine Größe von 0,1 Mikron und sind deswegen so gefährlich, weil sie in die Zellen eindringen und großen Schaden darin anrichten können.

In diesem zweiten Stadium der Präkanzerose können sich schon einige Erscheinungen, wie z.B. Polypen, Myome sowie Zysten auch in den Brustdrüsen, zeigen.

Wenn **Bläschen in den Erythrozyten** gesichtet werden, kann bereits von einem dritten Stadium gesprochen werden. In diesem Stadium von Sauerstoffwechsel zum Gärungsstoffwechsel zeigen sich über die Bildung von Milchsäure die bereits erwähnten Zysten. Dies wird als Verdacht auf eine beginnende maligne (bösartige) Tumorbildung gewertet. Im weiteren Verlauf verschwinden die Zysten aus den

Erythrozyten, in dem sie in das Blutserum übertreten. Damit werden sie über das Blut im ganzen Körper verteilt und können den Beginn von Metastasen darstellen.

Im vierten Stadium erscheinen **Lysosomen** (Zellbestandteile) im Blutserum und geben Verdacht auf Metastasen im Körper. Erst dann, wenn im Körper die Abwehr stark reduziert ist, kommt es nach Darlington, zum Virusbefall und nicht umgekehrt!

Der Zahn-Kieferbereich sollte zeitweilig auf Fokal-, bzw. Streuherde untersucht werden.

Der Blutausstrich im Dunkelfeld hat somit eine große prophylaktische Bedeutung, da auf diesem Weg mögliche Hinweise auf streuende Herde in frühem Stadium zu bekommen sind.

Fällt der Scheller-Test positiv aus, ist es von großer Bedeutung, diese Veränderungen in den Erythrozyten zu beeinflussen.

Als Oxydationstherapie bieten sich die Hämatologische Oxydationstherapie (**HOT**), **Gelée royale** (enthalten z.B. in „Matrizell"), sowie die gärungssenkenden **Polypeptide** an. Nicht zu vergessen die schon erwähnten **Aminosäuren** („Aminoplus basic"), sowie die Eiweiß aufspaltenden **Enzyme.**

Diese Früherkennungsteste sollten in keiner Praxis fehlen. Ein altes Gesetz in der Heilsgeschichte besagt, dass die Wahrheit zuerst gelästert und dann begraben werden muss, bevor sie zur Auferstehung gelangt. Betrachtet man die ständige Zunahme von Krebserkrankungen, so bleibt der Verdacht bestehen, dass uns das Universitätsniveau der vergangenen Jahre nicht wesentlich weitergebracht hat. Dabei sind sich alle Krebsforscher und Ärzte einig, dass die Krebsfrüherkennung das größte Problem ist. Die aber bereits existierenden Krebsfrüherkennungsteste, von Kollegen entwickelt und in der Praxis von vielen Therapeuten erprobt, werden aus unerfindlichen Gründen vernachlässigt.

Wer erfasst z.B. in den allgemeinen Blutuntersuchungen eine saure Phosphatase, die in ihrer Erhöhung auf Prostatakrebs hinweist?

Die **Carcinochrom-Reaktion (CCR) im Harn nach Dr. Gutschmidt** dient ebenfalls zur spezifischen Erkennung von Präkanzerosen und Kanzerosen. Die beim Menschen vorherrschende Multiintoxikation hat dazu geführt, dass bei den meisten Personen, egal welchen Alters, das Frühwarnsystem des Körpers nicht mehr funktioniert. Fremdstoffe erkennt der Körper nicht mehr und leitet sie nicht mehr aus. Nach Prof. Schroedter können alle chronischen Entzündungen als präkanzeröse Prozesse angesehen werden.

Die CCR-Reaktion ist zum Erkennen von präkanzerösen Stoffwechselprozessen geeignet. Der biochemische Tumorzellstoffwechsel kann mit der CCR-Reaktion im Labor schon vor röntgenologischer Absicherung dokumentiert werden.

Erscheinen im Harn die Metaboliten (veränderte Zellbestandteile), so kann dadurch die Präkanzerose nachgewiesen werden und dient somit auch der Therapiekontrolle.

Die CCR-Reaktion kann auch dazu verwendet werden, um bei Patienten mit diagnostisch erkanntem Tumor, die riskante und umstrittene Entnahme von Gewebsproben zu ersetzen. Es kommt zeitweilig vor, dass manche Tumore vom Körper abgekoppelt werden. Folgt eine Entnahme von Tumorzellen, so wird meist der ruhende Tumor oft verletzt, es kommt zu einer Streuung im Körper, der bisher ruhende Tumor kann wieder aktiv werden und ein weiteres Wachstum erfolgt.

In der Regel ist der CCR-Test positiv, wenn ein aktiver Gärungsstoffwechsel vorliegt. Nach Prof. O. Warburg geschieht dies, wenn das präkanzeröse Geschehen einsetzt, wobei charakteristische Substanzen im Harn erscheinen.

Der CCR-Test eignet sich auch gut zur Therapiekontrolle nach Operationen.

Sind keine atmungsgeschädigten Zellen im Organismus vorhanden, so ist die CCR-Reaktion negativ.

Bei klinisch gesunden Menschen kann mit der CCR-Reaktion eine Ausschlussdiagnose gestellt werden.

Der CCR-Test ist in der Regel negativ, wenn der oder die Tumore biochemisch nicht aktiv sind. Ansonsten werden mit der CCR-Reaktion die Vorstadien, der aktive Tumorstoffwechsel und ebenso Metastasen erfasst. Werte unter 0,80 Extinktion sind als negativ zu betrachten, während darüberliegende Werte als positiv gelten.

Während der Schwangerschaft sollten die Präkanzeroseteste allerdings nicht durchgeführt werden, da eine biochemische Umstellung des Stoffwechsels vorliegt.

Krebsschmerzen zeigen sich erst dann, wenn sich Krebszellen entsprechend so vermehrt haben, sodass die Abläufe in den Organen stark beeinträchtig sind. Diese projizieren sich über einen Cutisviszeralen Reflexbogen (Wirbelsäule) in die Reflexzonen am Rücken und bewirken schmerzhafte Verspannungen. Wiederholt gelang es, diese Krebsschmerzen zu beseitigen, wenn die Organe in ihrer Funktion gestärkt wurden.

Kommt es im allgemeinen Krebsgeschehen zur **Metastasenbildung in der Leber**, so ist die Blutgerinnungsfähigkeit meist herabgesetzt. Fortgeschrittene Tumore lösen sehr oft Sickerblutungen aus, weil die Prothrombinbildung (Blutgerinnungsvorstufe) in der Leber vermindert ist.

Bei Vorliegen von Krebs leidet vor allem auch die **Psyche** des Betreffenden erheblich. So wundert es nicht, wenn der Patient mutlos und apathisch wird. Im weiteren Verlauf des Geschehens treten nicht selten Depressionen und allgemeine Ängstlichkeit auf, was oft zu plötzlichem Weinen führt. Die Eröffnung der Diagnose Krebs, einem Patienten gegenüber, führt zunächst zu einem Schock. Ist dieser Schock überwunden, wendet sich der Patient dem Kampf gegen das Krebsgeschehen zu. Seelisches Wohlbefinden, Lebensfreude und eine geregelte Darmfunktion sind wichtige Voraussetzungen im erfolgreichen Kampf gegen jede Krebsentwicklung.

Das **Sauerstoffangebot** an das Blut mit geeigneten Maßnahmen zu erhöhen ist eine der wirkungsvollen Einflussnahmen. Zumeist ist das Herz in seiner Auswurfleistung geschwächt. Demzufolge gelangt weniger Blut und somit Sauerstoff in den Kreislauf. Wichtige Zentren im Organismus erleiden somit eine Sauerstoffmangelversorgung. Täglich eine Stunde aktives Laufen bringt in einer Minute etwa 17 Liter Sauerstoff in den Organismus. Dagegen sind es nur 5 Liter pro Minute bei weniger Bewegung, z.B. zu Hause oder im Büro.

Wie wir wissen wird auch über den **Lymphfluss** im Körper **entgiftet**. Die aus dem Gewebe freiwerdenden Stoffwechselprodukte werden über die Lymphe abtransportiert, ebenso die aus den Blutkapillaren in die Zellzwischenräume gelangten Proteine (Eiweißkörper). Krampfzustände im Körper hemmen den Lymphfluss. Homöopathische Spasmeninjektionen und/oder Einnahme dieser Präparate helfen, den Organismus zu entkrampfen. Zur Entgiftung und Entschlackung des Krebskranken tragen Überwärmungsbäder bei, wie aber auch das Fieber. Ein Anstieg der Körpertemperatur auf etwa 41 Grad Celsius beschleunigt den Lymphabfluss auf das Vierfache. Allerdings ist bei heißen Bädern zu empfehlen, die Waden noch in der Wanne kalt abzuduschen, bevor man sich aus dem Wasser erhebt. Dazu 6 Tropfen Camphora D1 ohne Flüssigkeit unter die Zunge geben wirkt eventuell auftretenden Kreislaufregulationsstörungen entgegen. Lymphstauungen werden provoziert, wenn sich der Mensch dem Streß, der Kälte und vor allem unphysiologischen Anstrengungen aussetzt.

Um den Lymphabfluss bzw. Lymphzirkulation zu intensivieren empfiehlt sich die schon beschriebene Schröpfkopfmassage am Rücken. Wenn dies aus unerfindlichen Gründen nicht möglich sein sollte, so kann auch eine manuelle Lymphmassage sehr hilfreich sein.

In der Naturheilkunde kommt es sehr oft zu Erstverschlimmerungen, die als Heilreaktionen bezeichnet werden. Diese Heilreaktionen bedeuten, dass der Heilprozess eingeleitet oder fortgeführt wird. Bei Patienten mit Präkanzerose oder Krebs habe ich wiederholt spontane Heilreaktionen direkt nach der ganzheitlichen Behandlung erlebt, die sich in Form von schüttelfrostartigen Zuständen geäußert haben. Je nach Abwehrlage des Patienten kam es zu Tumorzellauflösungen, die sich direkt als Tumorzellzerfallsintoxikationsreaktion zeigten. Dies geschah in der Regel immer nur einmal so stark und zeigte sich im weiteren Verlauf nur noch in abgeschwächter Form oder unterblieben ganz. Wo sich Krebs lokalisiert, liegt, meiner Ansicht nach, an der Anfälligkeit zur Schwäche in bestimmten Regionen oder Organen, die entweder kongenital (angeboren) oder erworben ist. **Es ist längst bekannt, dass kein Mensch am Krebs stirbt, sondern am Organversagen durch die Krebszellgiftwirkung.**

Laboruntersuchungen in der Praxis
Urin
Der vom Patient in die Praxis mitgebrachte erste Mittelstrahl-Morgenurin wird auf Abweichungen untersucht.
Man verwendet dazu den **Combur9-Test** (Apotheke)
Hierbei handelt es sich um Stäbchen mit verschiedenen Farbfeldern, eingeteilt auf einzelne Untersuchungsbereiche:
Leukozyten, Nitrit, pH, Proteine, Glucose, Keton, Urobilinogen, Bilirubin, Blut.
Das in den Urin gehaltene Stäbchen wird mit der Normskala des Combur9-Testes verglichen. Abweichungen in der Färbung weisen auf Störungen im Stoffwechsel des Patienten hin.
Ohne diesen Test durchgeführt zu haben, verlässt kein Patient meine Praxis. Allein schon aufgrund der frühzeitigen Erkennung des Diabetes mellitus aus dem Harn ist dieser Test von großer Bedeutung.
Die vermehrte Glucoseausscheidung im Harn deutet auf alle Krankheiten und Krankheitszustände hin, bei denen der erhöhte Blut-

zuckerspiegel die normale Nierenschwelle (160-170mg) überschreitet.

Spezifisches Gewicht

Eine weitere wichtige Untersuchung des Harns ist das spezifische Gewicht.

Das spezifische Gewicht des Harns hängt von der Art und Menge der im Harn gelösten Substanzen ab, vor allem von Harnstoff und anorganischen Substanzen. Das spezifische Sollgewicht liegt bei ca. 1015-1022.

Ein Glaszylinder wird etwa zu 2/3 mit Harn gefüllt. Dabei sollte die Temperatur des Harns bei ca. 20°C liegen. In den mit Harn gefüllten Zylinder wird ein Urinprober hineingegeben. An der am Urinprober angebrachten Skala liest man den Wert des spezifischen Gewichts am oberen Rand der Harnflüssigkeit ab.

Spez. Gewicht erhöht, kann auf Eiweißstoffwechselstörung, verminderte Flüssigkeitsaufnahme, vermehrte Harnstoffausscheidung und/oder Fieber hinweisen.

Spez. Gewicht erniedrigt, deutet auf Hypokaliämie (Kaliummangel), Hypercalzämie (Calciumüberschuss), Hypomagnesiämie (Magnesiummangel), und/oder zu reichliche Flüssigkeitsaufnahme hin.

Überschichtungsreagenz

Dazu benötigen wir ein Überschichtungsglas (Röhrchen in U-Form). In die kurze, trichterförmige Öffnung des Glases wird Urin eingegossen, bis dieser 4-5mm hoch in die kurze Öffnung hineinreicht. Sofort danach werden einige Kubikzentimeter Überschichtungsreagenz (65% Salpetersäure) ebenfalls in die kurze Öffnung gegeben.

1 Minute warten.

Die beiden Flüssigkeiten vermischen sich nicht, bilden aber an ihren

Berührungspunkten verschiedenfarbige Ringe. Gegen einen hellen Hintergrund gehalten, kann man die Farbe gut erkennen. Die Farbringe sind je nach Erkrankung verschieden farbig.

Normalzustand ist ein hellbrauner Ring.

Milchig-weißer Ring: Eiweiß- und Nierenleiden
Roter Ring: vermehrte Ausscheidung von Harnsäure
Blauer Ring: Vorzeichen bei schweren infektiösen Darmerkrankungen (z.B. Typhus) Zeichen bei Darmverschluss und Eiweißfäulnis
Grüner Ring: geht in blau, violett, gelb und rot über, weist auf Gallenfarbstoff hin. Es kann sich um Herz-, Lungen-, Leberschädigung, Gelbsucht, sowie um Verschluss der Gallenwege handeln.
Dunkelbrauner bis schwarzer Ring: melanotische Tumore, Melanosarkome (bösartige Geschwülste, die aus dem Bindegewebe hervorgehen)

Stehende Schaumkrone, die auch durch Schütteln nicht vergeht, deutet auf Veränderungen krankhafter Art an Nieren und Harnwegen hin.

Mit Hilfe der naturheilkundlichen Ganzheitstherapie hat eine Patientin ihren Krebs seit 26 Jahren überlebt und erfreut sich noch heute ihrer Aktivität und Gesundheit.

Die Frau kam 1983 im Alter von 49 Jahren mit einem proxissimalen (anfallsartigen) Herzrasen in die Naturheilpraxis. Bis zum 32. Lebensjahr ging es dieser Patientin einigermaßen gut, doch schon ein Jahr danach hatte sie bei jeder kleineren Anstrengung Herzbeschwerden. Auch wurde sie zunehmend wetterfühliger und litt immer stärker am Föhn. Jeder Wetterwechsel machte ihr zu schaffen und löste Kopfschmerzen sowie Herzrasen aus. Sie lebte in den Bergen, in gesunder Natur und hat früher nie derartige Beschwerden gekannt. Nun begann ein endloser Lauf von einer Praxis in die Nächste. Immer öfter fragte sich die Frau, warum ihr die wissenschaftliche, orthodoxe Medizin nicht helfen kann, denn eine Besserung der Beschwerden stellte sich nicht ein. Im Gegenteil : Die Herzanfälle wurden in ihrer Verbindung mit Panikattacken, immer schlimmer.

(Der kundige Behandler wird sicherlich wissen, dass die so typischen Panikattacken herzabhängig sind.)

Den Haushalt zu führen war eine fast unmögliche Aufgabe. Besonders die Erschöpfungszustände wurden immer unerträglicher. Nun reichte es ihr endgültig und sie wandte sich der Naturheilkunde zu.

Sie wurde gründlich mit allen zu Gebote stehenden Methoden untersucht. Dabei zeigte sich ein Krebsgeschehen, denn die Laborbefunde aus dem Heilpraktikerlabor waren positiv. Im Überschichtungsreagenz, das in der Praxis durchgeführt wurde, zeigte sich ein schwarzer anstatt hellbrauner Farbring, was ebenfalls auf ein Krebsgeschehen hinwies. Im Bereich des rechten Ovarium (Eierstock) war ein Widerstand palpabel (zu tasten). Sie hatte bereits über längere Zeit in diesem Bereich ein unangenehmes Gefühl. Zur näheren Abklärung wurde sie zu einem Internisten überwiesen, mit der Bitte um eine Ultraschalluntersuchung zwecks Abklärung meines Verdachts. Diese

Verdachtsdiagnose auf einen Ovarialtumor wurde von dem Arzt bestätigt. Nun war klar, dass die Herzanfälle durch Tumorzellwachstumsschübe mit Zellzerfall ausgelöst wurden.

Von der Schulmedizin wurde eine Überlebenszeit von 6 Monaten prognostiziert. Der ärztliche Rat lautete: Würde sich die Patientin sofort operieren lassen, könnte sie noch ca. 1 Jahr überleben.

Sie stand nun vor der Entscheidung: sofortige Operation oder Organaufbau und anschließend die Operation.

Sie entschied sich für die Organstärkung und wurde drei Jahre lang zweimal wöchentlich behandelt. Danach wurde sie weitere drei Jahre einmal wöchentlich behandelt. Als sie 53 Jahre alt war, bekamen ihre Haare einen schönen Glanz, sie blühte förmlich auf, sogar die Menstruation setzte wieder ein, und dies trotz dem bis dahin vorhandenen etwa faustgroßen Tumor im Unterbauch.

Ich bin der Ansicht, dass sie sicherlich schon bei der sofortigen Operation durch Streuung der Tumorzellen über das Blut diesen Eingriff nicht überlebt hätte, denn es genügten ja schon die Wachstumsschübe mit dem damit verbundenen Tumorzellzerfall, um dieses furchtbare Herzrasen mit etwa 160 Herzschlägen in einer Minute auszulösen. Ich konnte in meiner 26 jährigen Praxiszeit wiederholt beobachten, dass bei vielen Patientinnen im etwa 49. Lebensjahr Krebserkrankungen diagnostiziert wurden. Ich führe das darauf zurück, dass mit Beginn der Menopause das Giftventil Menstruation entfällt und damit mehr Gifte im Körper zurückbleiben. Durch diese Erhöhung der damit verbundenen Multiintoxikation wurden Krebsprozesse verstärkt in Gang gesetzt. Durch Abwehr stimulierende Maßnahmen, sowie Organstärkung kam es bei dieser Patientin zu einer vorübergehenden erhöhten Tumorzellauflösung (physiologisch) und somit zur Verstärkung der Herzsymptomatik und aller anderen Beschwerden. Als dann die verstärkte Giftausscheidung immer mehr zur Entlastung der Organsysteme führte, wurden die Beschwerden immer weniger. Ihr Blutdruck hatte sich ebenfalls stabilisiert und das ohne Betablocker. Statt ihrer zwei Zentner, die ihr ebenfalls zu schaffen gemacht hatten, erreichte sie nach einigen Jahren wieder ihr Normalgewicht. Nach sechs Jahren Dauerbehandlung ging sie auf meinen Rat hin ins Krankenhaus und ließ sich den Tumor entfernen. Dies geschah ohne Chemotherapie und andere Maßnahmen. Nach drei Tagen war die Patientin wieder zu Hause. So gut war der Gesamtzustand, in dem sie sich befand! Dank vorheriger Ganzheitsbehandlung.

Nun sind inzwischen ca. 26 Jahre ins Land gegangen und die Frau ist heute mit über 70 Jahren und einer guten Lebensqualität wohlauf und genießt in den Bergen jeden Tag aufs Neue.

Quellenangaben

Voll, R. „Topographische Messpunkte nach Dr.Voll", medizinisch literarische Verlagsgesellschaft Uelzen1977

„Biochemie-Lexikon nach Dr. Schüssler", 2.Auflage, Verlag R. Mertens, Hamburg 1976

Pschyrembel, W. „Klinisches Wörterbuch", Verlag de Gruyter, Berlin 1975

Seeger, Dr. „Gibt es eine Präkanzerose ?"

Neunhoeffer, Prof. Dr. med. F., „Möglichkeiten und Aussagekraft biochemisch bedingter Laboratoriumsteste für Krebs, Krebsgeschehen", 8/1976H5, S.110

Neunhoeffer, Prof. Dr. med. F., „Die biochemischen Abweichungen der entarteten Zelle und die Konsequenzen für Krebsteste und Krebstherapie" Band 12, Verlag für Medizin, Dr. Ewald Fischer GmbH, Heidelberg 1978

Gutschmidt, Dr. J., „Die Carcinochromreaktion"

Scheller, E.F. „Hämatologische Krebsfrühdiagnostik"

Schroedter, A. „Krebs ein Phänomen" HPJ5 (1976) S.198

Dosch, Peter, „Lehrbuch der Neuraltherapie nach Huneke", 7.Auflage, Haug-Verlag 1977

Fa. Steigerwald, „AP-Injektions-Präparate"

„Baunscheidt", Ariston-Verlag (Hrsg.) Genf 1976

Broy, Joachim, „Segmental-humorale Reiztherapie", Galmeda GmbH, Düsseldorf, 1973

Schroedter, Sonderdruck aus „Krebsgeschehen und Praxis der Onkologie", Hrsg. H. Denk, K. Karrer, G. Salzer, Wien

Seeger, Dr. P.G., „Präkanzerose und ist diese aufspürbar", Erfahrungsh.K. 28, 1979 K.4, S. 244

Schrecke-Wertsch, „Lehrbuch der modernen und klassischen Akupunktur", Biologisch-Medizinische-Verlagsgesellschaft mbH & Co KG, 7060 Schorndorf, 1976

Tafel der Ohrakupunktur nach Schrecke-Wertsch, D.Münks-Verlag für Medizin

Fleck, F.G., "Pathophysiognomik", D. Münks-Verlag. 6. Auflage, Krefeld, 1973

Anmerkungen

1   Dr. Schüssler; Begründer der biochemischen Mineralstofftherapie, gelebt von 1821-1898
2   Prof. Dr. Wehrli; Begründer der HOT
3   Rietig, Wolfgang; Endlich wieder Gesund! Ganzheitstherapie/Naturheilkunde, Schmerz-Herz-Kreislauf-Krebs
4   Dr. Hunnecke (Gebrüder), entwickelten 1928 die segensreiche Neuraltherapie, modifiziert von Dr. Dosch
5   Prof. Dr. Neunhoeffer, Dr. Gutschmidt, Dr. Scheller; Krebserkennungstherapie
6   Dr. Seeger – Krebsentstehung
7   Injektoakupunktur; Fa. Steigerwald; AP-Injektionspräparate
8   Baunscheidtieren nach dem Erfinder Baunscheid
9   Reckeweg, Dr. med., Begründer der Homotoxinlehre
10   Neunhoeffer, Gutschmidt, Scheller (Begründer der Krebsfrüherkennungsteste)

Notizen:

Notizen: